...und Bosnien, nicht zu vergessen

Uwe Friesel / Emina Čabaravdić-Kamber (Hg.)

...und Bosnien, nicht zu vergessen

Eine Anthologie der Künstlerkolonie „Das Fremde in uns"

Herausgegeben von
Uwe Friesel und Emina Čabaravdić-Kamber

BOSANSKA RIJEČ TUZLA
Das Bosnische Wort Wuppertal

© 2008 Bosanska riječ Tuzla / Das Bosnische Wort Wuppertal
<www.bosanska-rijec.com>
Alle Rechte vorbehalten
Lektorat: Uwe Friesel

Übersetzungen: Emina Čabaravdić-Kamber
Umschlag, Layout und Satz: Birgitta Sjöblom, Schweden
Gesetzt aus der 11 Punkt Warnock Pro Light
Gedruckt und gebunden in Bosnien / Printed in Bosnia
ISBN 3-939407-33-X

Das Einbandfoto von Birgitta Sjöblom © zeigt den deutschen Autor und Mitherausgeber dieses Bandes, Uwe Friesel, im Gespräch mit dem bosnischen Philosophen und bekanntesten Antiquitätenhändler Safet Begović an der Brücke Stari most in Mostar.

Inhalt

Wolfgang Nein An Stelle eines Geleits 7

Reimer Eilers Die Karawane spricht Bosnisch 11
Gino Leineweber Ilidža 69
Uwe Friesel Der dalmatinische Doppelgänger 81
Janka Weber Ein ferner Traum 95
Šimo Ešić Weiße Welt, bunte Welt 111
Šimo Ešić Rede 121
Anna Bardi Saša und Karlo 127
Emina Čabaravdić-Kamber Zehn Jahre danach 147
Ellen Sell Kriegskinder 163
Uwe Friesel Dubrovnik, der Krieg und der P.E.N. 183
Gino Leineweber Studentenleben in Sarajevo 193

Emina Č. Kamber Editorische Nachbemerkung 189
Autorinnen und Autoren 191
Die Illustratorinnen 197

Anke Schwebe

An Stelle eines Geleits

Wolfgang Nein

Pastor Wolfgang Nein begleitet seit Jahren die internationalen Begegnungen der Deutsch-Bosnischen Kulturakademie e.V. Hamburg. Sein unermüdliches Interesse an praktischer Völkerverständigung hat in seiner Gemeinde sowie unter den Hamburgern einen interkulturellen Dialog bewirkt. Seit längerer Zeit unterstützt er die jährlichen deutschbosnischen Begegnungen und räumt ihnen Platz in seiner Kirche ein. So wird sie ein offener Raum, in dem jeder Mensch, egal welcher Abkunft, ein gern gesehener Gast ist.

Liebe Emina, Du hast uns wieder zu einem deutsch-bosnischen Kulturabend und damit praktisch zu einer interkulturellen, internationalen und interreligiösen Begegnung eingeladen.

„Das Fremde in uns" – das war das Arbeitsthema zweier Künstlerkolonien in Kroatien und Bosnien, und dieses Thema steht als Titel auch über diesem Abend.

Es gab eine Zeit, da sprach man hier in Deutschland von Fremdarbeitern, wenn man die Arbeitskräfte meinte, die aus dem Ausland zu uns kamen. Du meinst aber, wenn ich den Titel dieses Abends richtig verstehe, gar nicht so sehr das Ausländische, sondern eben das Fremde in uns. Oder meinst Du doch z. B. das Bosnische in Dir und das Deutsche in Dir, wobei das Deutsche das Fremde sein könnte? Und möchtest Du vielleicht doch, dass wir alle uns heute Abend einmal fragen, aus welchen unterschiedlichen

Herkunftsländern unsere Vorfahren stammen? Möglicherweise ist jeder von uns, was die Herkunft betrifft, ein Gemisch aus verschiedenen Nationen.

Als Theologe habe ich bei Deinem Titel aber spontan an etwas anderes gedacht – an das Fremde in uns in dem Sinne, dass wir uns innerlich uns selbst manchmal fremd sind, dass wir uns manchmal selbst nicht verstehen, dass wir uns manchmal wie fremdgesteuert vorkommen, wenn wir wieder etwas gesagt oder getan haben, was wir vielleicht gar nicht hatten sagen oder tun wollen.

Der, die, das Fremde – das sind wir manchmal ja selbst – uns selbst gegenüber.

Ich möchte an dieser Stelle aber nicht anfangen zu theologisieren oder zu philosophieren und zu psychologisieren. Ich möchte vielmehr unterstreichen – Verzeihung, wenn ich das jetzt ganz persönlich sage – dass Du, Emina, mir gar nicht fremd vorkommst, bosnisch hin, deutsch her. Ein solches Gefühl der Fremdheit kann in deiner Gegenwart gar nicht entstehen: weil Du mit Deiner ganzen Persönlichkeit das Gemeinsame, das Verbindende ausstrahlst. Wir sind eine große gemeinsame Familie und haben eine alle Grenzen überschreitende gemeinsame Heimat. Wir gehören zusammen, das vermittelst Du uns – mit deinem künstlerischen wie mit deinem politischen und menschlichen Engagement. Und wenn in deiner Gegenwart doch ein Gefühl von Fremdheit aufkommen sollte, dann sollten wir vielleicht mal nach dem Fremden in uns selbst forschen.

Herzlichen Dank Dir, Emina, dass Du uns hier heute Abend in St. Markus wieder zusammengeführt hast und dass Du mit vielen engagierten Menschen diesen Abend gestalten wirst. Ihnen allen ein herzliches Willkommen!

Emina Čabaravdić-Kamber

Dörte Rohlf

Die Karawane spricht Bosnisch – Islamische Wiederkehr in Počitelj

Reimer Eilers

> *„Seltsam ist Prophetenlied,*
> *seltsamer noch, was geschieht."*
> *(Johann Wolfgang von Goethe)*
> *Ein Spiel von Licht und Schatten*

Emina setzte die Sonnenbrille auf und klemmte sich hinter das Steuer. Wir ließen den grünen Schatten der Pension, die aus dem Pinienhain den Hang hinunter schaute, hinter uns. Schon am Morgen lag über der Bucht von Prapratno ein gleißendes mittelmeerisches Licht. Das Wasser war heute ein blauer Edelstein, der am Strand an ein Weiß wie von Eierschalen stieß. Es gab nicht viele Sandstrände an der dalmatinischen Küste, vielleicht zwei oder drei, und Prapratno besaß einen davon. Emina nahm die entgegen gesetzte Richtung, wir strebten weg vom Badevergnügen, die Stichstraße bergauf und kippten auch schon über den Rand unserer Bucht ins nächste Tal. Futsch war das süße Leben.

Ich sagte auf dem Beifahrersitz: *„Dobar dan,* bitte. Sing noch einmal: *Verliebte an der Adria!* Nur eine Strophe."

Ein Blick hinter dunklen Gläsern traf mich. Er dauerte viel zu lange für diese kurvenreiche Gegend. „Wo denkst du hin! Dieses Auto hat keine Klimaanlage. Wir werden den ganzen Tag unterwegs sein, und ich bin jetzt schon fix und fertig."

Ihre Weigerung war zweifellos vernünftig. Die Sonne glühte auf der Karosserie und verbrannte das Gras am Straßenrand. Selbst der Fahrtwind brachte keine Linderung mehr, der Schweiß lief mir aus den Brauen in die Augen. Emina tat gut daran, mit Atem und Gesang hauszuhalten. Das ganze Land ächzte unter einer exotischen Hitzewelle, die einen Hammel auf der Weide im Handumdrehen in einen Spießbraten verwandeln konnte. Dabei spielte das Wetter in den heftigsten Gegensätzen. In der letzten Woche hatten wir noch alle gefroren. Ein bitterer Wind war aus den Bergen ans Meer gekomen. Er hatte mir alle Vorstellungen vom Süden ausgetrieben, was mich einigermaßen ratlos dastehen ließ, denn für den Juni in Dalmatien hatte ich mir einfach keine kalten Wetterideen mitgebracht. Diese afrikanische Hitze aber, die nun den Wind von den klammen serbischen Gipfeln abgelöst hatte, machte den Einheimischen nicht weniger zu schaffen als einem verirrten Nordlicht; wer konnte, hielt sich an das Gegenteil von dem, was wir gerade taten: Er blieb zu Hause und verhängte die Fenster.

Selbst die himmlischen Mächte machten Siesta. Nicht eine reiselustige Wolke ließ sich auf der blauen Götterbahn blicken.

Wir beide jedoch wollten trotzdem auf der Fernstraße nach Norden und dann an der Neretva nach Osten abbiegen, um dem alten Karawanenweg über die sieben Berge ins Landesinnere zu folgen. Wir fuhren von Dalmatien nach Bosnien, was einen Ausflug und einen Spähtrupp zugleich bedeutete. Später wollte Atif nachkommen, Eminas Neffe, mit einem Wagen voller Malerinnen.

Schade um das gute Licht für die Malerinnen und ihre Staffeleien, doch morgen war wohl auch noch ein Funkeln in der Welle und ein heller Tag für die Kunst am Meer. In jedem Frühjahr organisierte die deutsch-bosnische Lyrikerin und Textildesignerin Emina Kamber an der Adria, was sie eine Künstlerkolonie nannte. Ich selbst malte nicht, aber ich schaute mir gern die Bilder an, die hier entstanden.

Gerade als ich an leere Leinwände dachte, bremste Emina ab um mich am Wegesrand auf etwas hinzuweisen, einen flachen Hügel mit einem Friedhof wie im Bilderbuch. „Er ist ganz klein. Das Weitläufige macht nie Vergnügen."

Reihen himmelhoher Zypressen, dazwischen eine blütenweiße Kapelle. Es war ein katholisch-kroatischer Gottesacker. Vielleicht hatte es ihr diesmal das Spiel von Licht und Schatten angetan, sonst schauten wir doch bei muslimischen Gräbern vorbei, und sie erklärte mir die reichhaltige Symbolik des Grabschmucks. Wie übermächtige schwarzgrüne Fingerzeige standen die Bäume da und verbanden mit ihren Wurzeln und Wipfeln die Sphären von Totenreich und Himmelreich. Während sie derart die Überlegenheit über den Zufall bezeugten, bewegten wir Menschen uns auf dem schmalen irdischen Pfad dazwischen.

„Am Abend", sagte Emina finden sich an diesem Ort alle Seelentiere ein, von denen Siegmund Freud gesprochen hat: Vogel, Fledermaus, Schlange, Eidechse, Feldmaus. Warum sind es gerade diese? Ich will es dir verraten. Seelentiere zeigen Schnelligkeit, sie absolvieren ihren Flug durch die Luft oder ihr Abtauchen in die Erde. Und sie besitzen weitere Eigenschaften, die Überraschung oder Grauen erregen. Dadurch, so Freud, werden sie von den Hinterbliebenen allgemein als Träger jener Seele erkannt, die den

Körper verlässt. Merk dir das, mein Freund, und wir werden an einem warmen Abend hierher zurückkehren um zu schauen und dabei die passende Musik zu hören."

Schon beschleunigte Emina den Wagen wieder. Auch mit den Pausen mussten wir haushalten. Bislang kurvten wir lediglich über die große Halbinsel Pelješac, wo sich die Bucht von Prapratno mit der Künstlerkolonie befand, und wir hatten noch die ganze Küstenstraße vor uns.

Unsere erste Rast sollte kein anderer Ort sein als das wieder aufgebaute Počitelj, die historische Karawanserei am Weg zwischen Dubrovnik, der Handelsstadt am Meer, und Mostar, der Stadt der Brücken in den Bergen. Zugleich war Počitelj eine mächtige Festung der Osmanen gewesen. Ihre Zwingburg auf der höchsten Klippe über dem Fluss hatte das Nadelöhr zwischen dem unwegsamen Gebirge und der Neretva beherrscht, durch welches sich in türkischen Zeiten der bosnische Fernhandel zwängte. Soviel Symbolik hatte auf dem Balkan ihre Tücken. „Im Bürgerkrieg", sagte Emina, „haben kroatische Kräfte der HDZ, der sogenannten Heimatarmee, den Ort besetzt und komplett zerstört. Kein Stein blieb auf dem anderen. Auch vor der Moschee haben sie nicht Halt gemacht. Sie wurde von den schrecklichen Beschützern der Heimat gesprengt."

„Ich kann mich an die Ruinen erinnern", sagte ich. „Aber nach dem Krieg sind wir an den kaputten Orten vorbei gefahren ohne anzuhalten. Wir wollten uns in die dürftigen Oasen retten, nicht als Voyeure des Unglücks auftreten. Wer hätte damals einen Wiederaufbau für möglich gehalten."

„Es ist ein Werk Allahs."

„Allahs und der türkischen Steinmetze, die in ihre früheren Provinzen zurück gekehrt sind, um die Dinge wieder gerade zu rücken." Ich fügte noch hinzu: *„Elhamdulillah."*

Gott sei gelobt. Das war ein Anruf aus der ersten Sure des Korans, und man gebrauchte es wie unser: Gott sei Dank, es hat geklappt. Es war gut ein bisschen zu üben. Man konnte nie wissen.

„Wir werden mit dem Imam der Moschee reden können", sagte sie.

„Hast du denn mit dem Effendi Gadara Džemal telefoniert?"

„Mach dir keine Sorgen. Für uns wird er Zeit haben."

„Ich mach mir keine Sorgen. *Elhamdulillah.* Höchstens wegen der Hitze."

Emina seufzte: „Wie gern würde ich jetzt in unserer Bucht schwimmen gehen."

„Wenn wir zurück in der Pension sind, kannst du in die Fluten der Adria tauchen. Sozusagen als Belohnung für die Strapazen."

„Dann muss ich meinen Schwestern helfen das Abendessen vorzubereiten. Alle Künstler werden hungrig sein, und ich kann Bedra und Mirsada unmöglich mit der Arbeit in der Küche allein lassen."

„Wenn sich das nicht ändern lässt, gehst du eben nach dem Essen schwimmen."

„Das ist ungesund mit vollem Magen. Wie eine versalzene Speise."

„Um sich zu erfrischen genügt es, ein wenig im salzigen Adriawasser zu planschen. Das wird den Magen nicht überlasten."

„Ich möchte nicht baden."

Ich sagte: „Wenn wir nach Počitelj kommen, sieht die Welt anders aus. In der Moschee wird es angenehm kühl sein. Und wir setzen uns mit dem Imam auf die Teppiche und reden ein bisschen."

Sie sagte: „Džemal war dort schon vor dem Krieg tätig.

Und er hat die Zerstörung überlebt, genau wie die uralte Zypresse vor dem Eingang der Moschee. Er hat mir davon erzählt, wie sich Muslime mitten im Bürgerkrieg aus allen Teilen Ex-Jugoslawiens in einer besonderen militärischen Einheit zusammen gefunden haben, um das steinerne Dorf in schweren Kämpfen zurück zu erobern."

DEN *KOLO* TANZEN

Emina hatte indes noch andere, weitaus friedlichere Erinnerungen. Als kluge Frau und Mutter von drei erwachsenen Kindern gab sie mir sorgsam bemessene Informationshäppchen, damit ich sie besser verdauen konnte. Marschall Tito, der gutgesinnte Allesbeherrscher, hatte die Ortschaft Počitelj seinerzeit zu einem Künstlerdorf für Maler und Dichter aus ganz Jugoslawien erklärt. Er war in jedem Sinn ein spätbarocker Plenipotentarius gewesen, wie der deutsche Dichter Andreas Gryphius die Größen der Epoche genannt hatte. Es passte sowohl auf Titos absurde Machtfülle wie auch sein Faible für grandiose Uniformen. Aber womöglich war das nun zweitrangig. Tito war, neben Che Guevara, einer der beiden historischen Helden, zu deren Postern sie aufblickte, denen sie mit unverbrüchlicher Treue in die Augen schaute. Es mochte Leute geben, die anderer Auffassung waren, aber Emina verdankte Tito auf ihren Reisen nicht weniger als einen pastoralen Frieden.

Es war zu Beginn der achtziger Jahre, als die junge bosnische Lyrikerin Emina Kamber–Čabaravdić das erste Mal nach Počitelj kam. Eine Gruppe von Dichtern und Dichterinnen machte einen Abstecher von den Sarajevoer Literaturtagen nach Süden, um in dem Künstlerdorf ein Lesefest zu veranstalten. Hörer und Betörer feierten nicht nur die Lyriklese, sondern auch die Weinlese und die Zwetschgenlese, letztere in Form von *šljivo*. Als die Sterne über Burg und Minarett schwankten, tanzten sie unten am Neretvafluss den *kolo*, einen panjugoslawischen Ringelreihen.

Wir indes kamen an diesem heißen Tag nicht aus Sarajevo, sondern aus der Gegenrichtung, eben von der Halbinsel Pelješac, und Eminas Erinnerungen an Titos Künstlerdorf und das Fest markierten zugleich den Abgrund, an dem wir entlang fuhren, um die Brücke zu suchen, die hinüber führen sollte. Durch die Erde ein Riss, und auf der anderen Seite sollte es ihn wieder geben, den Frieden der Hirten auf den Weiden, und Pan, den Flöten-Gott, und auch die Wanderburschen auf den grenzenlosen Balkanwanderwegen. Eine Pastorale samt Kolo unter einem heiteren Mond, dazu einen Korb voll Brot und mildem bosnischen Schafskäse, eingeschlagen in feuchtes Nesseltuch.

Ich kramte mein Notizbuch und den Füllfederhalter aus dem Rucksack. „Weißt du noch, was du auf dem Dichtertreffen vorgetragen hast?"

Ein Tunnel der Zeit. Sie schob die Sonnenbrille in ihr rabenschwarzes Haar und gleich wieder zurück. Die Küstenstraße wand ihr flimmerndes Band in den Hang des Karstgebirges. Einige Kurven lang herrschte konzentriertes Schweigen im Wagen. Dann holte sie Luft. „Es waren zwei Poeme: *Kein Pulver im Fluss* und *Die Freiheit*. Das erste Gedicht bezieht sich auf das märchenhafte Türkisgrün, mit dem die Wasser der Neretva unterhalb von Počitelj dahin fließen. Niemand hat eine Erklärung für diese intensive Farbe. Aber wer sie sieht, ist augenblicks hingerissen."

Ihre jugoslawischen Unbeschwertheiten hatte ich verpasst. Allerdings hatte ich die Aussicht noch ein Echo davon zu erleben, denn Emina stand als Lyrikerin in einer osteuropäisch-slawischen Tradition, wo Gedichte sich häufig reimten und nicht vom Blatt abgelesen wurden, sondern frei gesprochen daherkamen. Die Russen etwa, Jewtuschenko oder Joseph Brodsky, waren Meister darin. Die Chancen standen nicht schlecht, dass Emina die beiden Gedichte oder zumindest Teile davon noch auswendig wusste. Aber da war diese brüllende Hitze, und ich hatte bereits mit der Bitte Schiffbruch erlitten, ob sie nicht dagegen ansingen wollte. Ich war nur der Beifahrer, und „meine Traute war verflossen / mit dem Schweiß, den wir vergossen". Bestimmt würde sich eine bessere Gelegenheit für eine Rezitation finden.

KELIMS UND ANDERE TEXTILIEN UND LILIEN

Beim Morgenmokka in unserer Pension, im Schatten auf der Terrasse, hatte Emina noch in der Kühle gesungen, ein, zwei bosnische Lieder auf heiklem dalmatisch-kroatischem Territorium. *Sevdah* nannte sich ihre Musik, ein Feldstrauß von tragischen Songs, die auch ohne Übersetzung hinterrücks am Herzen rissen. Ich hatte auf der Terrasse meinen Mokka geschlürft, eingehüllt in die Echos und melodischen Aporien des Orients, schön lieblich nach Verrat duftend wie das Rosenwasser verkaufter Liebe und der Geschmack bitterer Walnüsse im Honig.

„Gestern hast du meinen Blumenweg gepflegt / und mein Haar mit Lilien geschmückt. / Heute ziehst du die Dornen aus meinen Wunden heraus / Dornen, die mich auf deinem Weg gestochen haben."

Es war eben kein Morgen aus der Kaffeemaschine wie zu Hause in Hamburg, ich musste mit den kleinen wie den großen Dingen von vorn anfangen. Dieser mit Sorgfalt aufgebrühte türkische Mokka, hatte Emina mir bedeutet, war für den Seelendurst. Was ich darüber hinaus zum

Frühstück trank, ob Wasser oder O-Saft, war unwichtig, das war dann für den Kehlendurst. Wie ihre Worte, so ihre Orte. Den Frühstückstisch zierte eine Plastikdecke, das war die praktische Seite der Dekoration, und darauf waren goldene Sultaninen und weiß-rote Oleanderblüten gestreut. Zwischen den Liedern schob Emina mir eine Schale mit Süßigkeiten herüber.

„Nimm doch bitte dies zu deinem Kaffee!"

Ein festes rotes Gelee, das zwischen dem türkischen Honig und einer Art bosnischem Marshmellow lag, schmeckte nach Rosenblüten. „Ist es Lokum?"

„*Rahat* Lokum. Man sagt: Ich fühle mich befreit von allem. Das ist rahat. Und dein Kaffee mit diesem Lokum entspannt und befreit."

Ich trank noch einen Mokka.

Als Leiterin der Kolonie war sie auch betraut mit der Unterbringung und dem Transport der Künstler. In diesen Fächern hatte sie spätestens seit dem Bosnienkrieg Übung, wo sie in Hamburg zwei Dutzend Flüchtlinge bei sich aufgenommen und Transporte mit Hilfsgütern für das eingeschlossene Sarajevo und ihre Heimatstadt Kakanj am Bosna-Fluss organisiert hatte. Als alles vorüber war, besaß sie in der Hansestadt an der Elbe eine Miet-Garage, in der sie ein Aufgebot an Töpfen, Kesseln, Bratpfannen, Servierplatten und Gedecken für sechzig Personen lagerte.

Auf dem Balkan folgte in der historischen Inszenierung das große Innehalten im bosnischen Rosenkrieg, ein Durchatmen der ausgepumpten Körper, das Abzählen und Aufrechnen des Tafelsilbers. Es kam das Dayton-Abkommen. William Shakespeare gab den Co-Autor und schrieb großzügig ein paar Szenen für das Stück. *Mitte der neunziger Jahre treffen die Führer der Kriegsparteien auf dem US-Luftwaffenstützpunkt Dayton in Ohio zusammen. Ihre großen Heldenbrüste machen alle angehefteten Orden zu Stecknadelköpfen. Applaus für Milošević, Tuđman, Izetbegović.* Die Amerikaner lassen sie von diesem kaum glaublichen Konferenzort mitten im früheren Indianerland nicht eher wieder abziehen, bis das zerstrittene Trio das Ende der Kämpfe im fernen Europa besiegelt und einen wackligen Frieden unterschreibt.

Warum nicht? Bereits Shakespeares *Sturm* spielte auf den Bermudas, auf halbem Wege nach Dayton, und die Akteure kreuzten mit modernsten Karavellen vor dem Schauplatz auf. In der zeitgenössischen Version *verfrachtet die Air Force der Supermacht die drei Hauptdarsteller mit einem Spezialflug wieder nach Hause, kleine Belohnung, neue Orden, Vorhang.* Später hätte Shakespeare noch einen Epilog schreiben können: *Milošević-Macbeth Tod im Kerker der holländischen Königin in Den Haag.*

Künftig veranstaltete Emina Kamber in Hamburg Kulturabende, an denen sie die Vermählung von Kunst und Culinarie feierte, um die abgezehrten Gespenster aus ihrem Kriegstagebuch zu bannen. Die Besucher der Hamburger Bosnischen Abende schwankten zwischen Bühne und Büffet und wussten oft nicht, was von beidem sie an diesem Ort stärker verführte.

Ich fand mich von Emina bei den Hilfstransporten angesprochen, die sie nach dem Ende der Belagerung von Sarajevo weiter auf den Weg brachte: von den Kisten mit Buntstiften für die Realschule in der Kleinstadt Visoko bis zum Rollstuhl für einen Nachbarn in ihrem Geburtsort Kakanj. Wenn Emina mich um Unterstützung fragte, war ich auf Trab. Vor einigen Jahren hatte sie mir einen Kelim geschenkt, einen gewebten bosnischen Teppich von roter Grundfarbe und mit einem geometrischen Muster.

Später waren wir ein paar Mal zusammen im Land

gewesen, das einen Umriss hatte wie ein Lindenblatt. In Visoko, der kleinen Stadt unweit von Sarajevo, waren wir am Bosna-Fluss spazieren gegangen. Ein raues Ufer für ein tiefes schnell fließendes Wasser. Anschließend hatten wir uns die Innenstadt angeschaut, wo es einen Basar gab, dessen Läden sich durch die Čabaravdić–Gasse zogen. Emina, deren Mädchenname Čabaravdić lautete, machte ein paar schnelle Schritte voraus, deutete mit gestrecktem Arm auf das Straßenschild an der Hausecke und zeigte ihr großes, gewinnendes Lachen. Klare Sache, sie stammte aus einem Geschlecht von Kaufleuten, die als Namenspatrone taugten. Und zwar nicht allein für eine Firma, sondern gleich für eine ganze Einkaufsstraße. Ich dagegen war ein armer Fischersohn von der Nordsee. Eines Tages stellte ich fest, dass ich mich hinterrücks in dem bosnischen Gewebe verstrickt hatte. Ich musste mich ernstlich damit beschäftigen, wollte ich wieder hinaus finden. Falls ich das überhaupt noch vorhatte, denn mittlerweile liebte ich die Kelims und andere Textilien und Lilien des Landes.

Wie hatte es soweit kommen können? Früher war mein Blick stets übers Meer nach Westen gegangen, nach England und Amerika. Nachdenklich knabberte ich an einem Keks aus meinem Bildungsgepäck. Bevor ich auch nur einen blassen Morgenschimmer vom Orient oder dem osmanischen Balkan gehabt hatte, war ich mit Goethes westöstlichen Betrachtungen auf dem Diwan bekannt geworden. Ich hatte irgendwann meine Insel verlassen, um Abitur zu machen, und vermutlich war es bei einer gewissen Sozialisation unvermeidlich, dass mir auf meinen bosnischen Ausflügen nun der Weimarer Geheime Rat in den Sinn kam. Ein Zweizeiler von ihm war mir haften geblieben: „Seltsam ist Prophetenlied / seltsamer noch, was geschieht."

Der Gang durch die Basargasse des Čabaravdić-Kaufmannsclans in Visoko musste es mir angetan haben. Danach fasste ich jedenfalls einen Plan: Ich wollte mit Emina die gesamte osmanische Karawanenstraße bis Sarajevo hinaufziehen, von der Adria über die neuen Grenzen bis ins Kernland der bosnischen Berge und Stammland ihrer Sippschaft. Da jedes Unternehmen mit dem ersten Schritt beginnt, stellte sich die Frage: Warum nicht die erste Etappe hier und heute in der Künstlerkolonie starten? Einem über die Woche ausgebreiteten bosnisch-deutschen Kulturevent an der Adria? Flagge zeigen auf der kroatischen Halbinsel Pelješac, wo Eminas Familie ein Ferienhaus durch die Wirren des Bürgerkriegs gerettet hatte, anders als die serbischen Nachbarn, die sämtlich vor dem kroatischen Volkszorn geflohen waren. Die Serben waren nie zurück gekehrt. Ihre Häuser lagen in Ruinen.

SEVDAH NANNTE SICH IHRE MUSIK

An jedem Tag, den die Künstlerkolonie an der Adria verbrachte, war der Tisch in unserer Pension zum Frühstück ebenso üppig gedeckt wie zur Hauptmahlzeit am Abend. Ich hatte am heutigen Morgen in Prapratno ein zweites Stück von dem Rosengelee gegessen. Es war reine Vorsorge gemäß Eminas Rezept gewesen: Eine doppelte Dosis Lokum, um entspannt und beruhigt zu sein, wenn wir nach Počitelj aufbrechen würden. Und es war die Begleitung zum nächsten Lied gewesen, das über der Terrasse aufstieg und ins Dunkelgrün der Pinien wehte. Hier auf dem Balkan war Eminas Musik beheimatet. Unser heutiger Ausflug würde uns möglicherweise zu den spirituellen Wurzeln führen. Aber kennen gelernt hatte ich ihre Volksmusik bereits in Hamburg.

Vor ein paar Jahren hatte Emina an der Elbe, ihrem zweiten Zuhause, eine CD mit den Lieblingsstücken aus Bosnien aufgenommen. Damals hörte ich die Lieder gleich frisch gepresst in ihrer Hamburger Wohnung. Als der CD-Player schwieg, redete Emina weiter über ihre Premiere. „*Sevdah* ist ein ost-westliches Wort, und diese Verbindung entspricht voll und ganz dem Ausdruck der Musik selber", sagte sie, und schenkte mir eine CD der Startauflage. Man konnte darüber nachdenken. Emina liebte das Abstrakte, denn sie war auch Dozentin, wenngleich nicht für Musik, sondern für Textildesign. Doch das Konkrete folgte gleich. „Der erste Teil ist türkisch und bedeutet Liebe, *sev*. Das *dah* am Ende ist slawischen Ursprungs und meint den Atem. Genau wie die bosnische Seele, die sich an beiden Welten belebt."

Das weckte meine Neugier. Ich kannte noch andere Leute, die mir unter Umständen weiterhelfen konnten. Wenige Tage nach Eminas CD-Premiere saß ich damals mit Karl-Beg in der Bibliothek des Hamburger Afrika-Asien-Instituts und diskutierte über den Atem der Liebe. Ich hatte noch Eminas Gesang im Ohr, ein emotionaler akustischer Echoraum, von dem Karl-Beg gottlob nichts ahnte. Auch die CD hatte ich in meinem Eastpack-Rucksack dabei, doch ich ließ sie unerwähnt.

Karl-Beg und ich teilten uns einen Lesetisch, was uns zwangsläufig näher zusammen rücken ließ als zwei Leseratten in einem Doppelbett. Sein Atem roch nach Rahmspinat aus der Mensa, nun egal, wir hatten eine feste Absicht und kümmerten uns nicht um die Unzulänglichkeiten des Alltags. Karl-Beg hatte seinen Spitznamen weg, weil er in höfischer Manier über die Mystik und die Poesie des Orients sprechen konnte. Das machte wohl seine Herkunft, denn er stammte aus einem burgundischen Adelsgeschlecht.

Einer seiner bunt zusammengewürfelten Vorfahren war außerdem ein italienischer Comte gewesen, der in seiner Junggesellenzeit in den Diensten der *Serenissima* gestanden hatte, der venezianischen Stadtregierung. Der Comte hatte für Venedig an einem Streifzug gegen Handelsschiffe aus Dubrovnik, dem damaligen Ragusa, teilgenommen. Anschließend hatte er auf Kreta gegen die Türken gekämpft, wobei ihm ein handgeschriebener Koran als Beute zugefallen war. Seit man in Europa Kenntnis davon hatte, dass im Koran auch von Jesus, Abraham und Moses die Rede war, bezeichnete der Volksmund die Heilige Schrift der Anhänger Mahomets als die „Türkenbibel". Diese Türkenbibel hatte der Comte später als Antiquität in die Ehe eingebracht, wodurch sie ins Burgundische gekommen war.

Allerdings war es ausgerechnet Karl-Beg verwehrt, am Stammsitz seiner Ahnen Einsicht in den geklauten Koran des alten Comte zu nehmen, denn er hatte sich mit seiner Familie entzweit. Dabei wäre er der einzige gewesen, der vielleicht ein paar Worte aus dem bibliophilen Erbstück hätte entziffern können. Diese Ungerechtigkeit stieß ihm verflucht sauer auf, wenn er die Bibliothek des Afrika-Asien-Instituts mit ihren minderen Schätzen betrat. Ich kannte das schon an ihm.

„Willst du die Wahrheit wissen?", fragte er in solchen Momenten.

Es gab ein arabisches Sprichwort: Wer die Wahrheit sagt, braucht ein schnelles Pferd. Wenn ich die Wahrheit nicht ausgebreitet haben wollte, weil ich vielleicht gerade mit einem der minderen Bücher aus der Institutsbibliothek beschäftigt war, wandelte ich das Sprichwort ab. „Kommt darauf an. Kannst du reiten?"

Er konnte nicht reiten, aber das störte ihn nicht. Was ihn

dann verstummen ließ, war die Tatsache, dass ich ungenau zitierte. Oder willkürlich paraphrasierte. Oder was weiß ich, Hauptsache es wirkte.

Einmal hatte ich in der Kaffeepause an der Uni mein Notizbuch gezückt und ihn aus einer Laune heraus nach seinen sämtlichen Vor- und Zunamen gefragt. Das lief über mehrere Zeilen und ging nicht ohne Stocken und Fehler ab, er war eben ein Graf mit einem furchtbar langen Stammbaum und einer verwickelten Girlande obendrauf. Jemand hatte dennoch bei seiner Spitznamensgebung in Uni-Gefilden aus einem zu flachen Brunnen geschöpft, denn Beg war ein rein osmanischer Adelstitel und Karls wahre Liebe galt dem Arabischen. Heute überraschte mich Karl-Sultan-Beg mit einer selbstgebrannten CD voller Sufi-Musik und flüsterte mir zu, dass *sevdah* ein Begriff mit einem viel größeren Radius im Orient sei als ich es mir wohl vorstellte. Die Türken hätten ihn ebenso geborgt wie die Bosnier.

In der Bibliothek waren laute Töne verpönt, und deshalb holte er ordentlich Luft und atmete gründlich aus, bevor er weiter sprach. „*Sevdah – sawda* stammt aus dem alten Arabisch und ist die schwarze Galle. Du weißt, dass die Araber große Ärzte waren." Er schien es zu genießen. Seine Augenlider wurden schwer, die Mundwinkel senkten sich in feinem Schmerz. „*Sevdah*, das ist die Sehnsucht und die Melancholie."

„Okay", flüsterte ich zurück, „nun habe ich es für mich auf den Punkt gebracht. Sevdah ist der bosnische Fado."

Das brachte ihn auf. Seine Augen wurden groß und rund und machten mir klar, dass Buchgelehrsamkeit und Gefühlsüberschwang durchaus miteinander verheiratet sein konnten. „Niemals!", flüsterte er. „Fado ist bloß Zuckerwasser für Portugiesen. Wenn es einen Ausdruck für verwundete Liebe gibt, dann nur den andalusischen Flamenco." Ich sah ihm an, dass er gern laut geworden wäre. „Flamenco ist ein spätes Kind des Springbrunnens, des Schleiers und der unglücklichen maurischen Kultur. *Solo flamenco!*" Karl-Beg stand abrupt auf und verließ die Bibliothek, ein Torero mit blankem Degen und bereit für seine Überzeugung den Stier zu töten.

Jetzt, auf der Reise mit Emina durch Dalmatien und Bosnien, dachte ich auch gelegentlich an Karl-Beg. Doch egal, ob Fado oder der bosnische Blues, ich hatte die Vergleiche in Hamburg zurück gelassen. Auf der Terrasse über der Bucht, wenn Emina sang, brauchte ich sie nicht. Und während der Fahrt an diesem Tag im Juni, als ich mit ihr auf dem Weg vom Meer in die grün-grauen Berge von Bosnien-Herzegovina war, brachten mich Vergleiche auch nicht weiter. Ich hatte Eminas Sevdah-CD zu oft gespielt und dann hatte ich Emina einmal zu oft live gehört, und dabei hatte ich mir einen wunderbaren, einen einzigartigen Sevdah-Ohrwurm angelacht. *Verliebte an der Adria!* Dieser Ohrwurm richtete sich nicht nach Hitze oder Vernunft. Drei Dinge lassen sich nicht verbergen, sagten die alten Osmanen, das sind die Armut, der Husten und die Liebe. So gesehen war ich auf dieser Reise mehr oder weniger ein offenes Buch.

Aber vielleicht war es auf unserer Fahrt zur Karawanserei von Počitelj nicht nur das Wetter, das Emina vom Singen abhielt.

In einer touristischen Broschüre über die kroatische Halbinsel Pelješac hatte ich einen Chor schöner junger Frauen entdeckt, in farbenprächtige rote, gelbe, grüne Landestracht gekleidet, wie sie über einem Pflaster schwebten. Die Pose war der nette Effekt einer Fotomontage gewesen. In diesem Frühjahr hatten die schwebenden

Jungfrauen eine Reihe von Auftritten auf der Pelješac. Könnte Emina sich diesem Chor zugesellen? Vermutlich nicht, bestimmt nicht, eigentlich könnten wir unseren Hals darauf verwetten, denn sie war in diesen stock-nationalistischen Zeiten gar nicht gut auf kroatische Folklore zu sprechen. Als ich daran dachte, ging mir auf, dass Emina niemals außerhalb der Pension sang, sei die Luft draußen nun heiß oder kalt.

Sie war eine praktische Frau, die nirgends schwebte, sondern mit beiden Beinen fest auf dem Pflaster stand. Mittlerweile hatte sie sogar einen deutschen Pass als Rückversicherung. Trotzdem traute sie sich in der Öffentlichkeit nicht, hier, in den näheren und weiteren Landstrichen Dalmatiens, ihre bosnischen Liebeslieder zu singen. Dabei war sie mit ihrer Sevdah-CD drüben auf der anderen Seite der Grenze, in Bosnien und Herzegovina, *BiH*, im Fernsehen aufgetreten, was das Gegenteil von Öffentlichkeitsscheu signalisierte, nur was hatte es hier, hüben, zu bedeuten?

Emina erklärte es mir geduldig: Sei vorsichtig auf Reisen, damit wir nicht entgleisen. Und das war die Essenz, wenn ich richtig verstand, der Blick und das Ohr, mit dem sie mich begleitete und für mich übersetzte und mir nötigenfalls auch eine Kopfnuss versetzte, sobald ich nach ihrer Ansicht zu begriffsstutzig war: Das Klima hinter dem friedlichen Schein, der für die Welt leuchtete und der sich speziell auf Touristen aus den Nato-Staaten richtete, blieb in Kroatien frostig für Bosnier, merk dir das! Lauter zweibeinige Lügen, kapierst du? Bosnische Wortklänge aus der ehedem gemeinsamen serbo-kroatischen Sprache, türkische, orientalische Kadenzen in den Melodien, das war zu viel für die gut katholische Seele der Pelješac. Merk dir das!

Ich schloss die Augen auf meinem verschwitzten Beifahrersitz, rief mir ein letztes Mal die kühle frühe Stunde auf der Terrasse über der Bucht zurück. Wiederum stieg die Melodie auf und verlor sich aufs Neue im Dunkel der Pinien, und eine fantastische Wehmut legte sich auf mein Trommelfell: *In der Stille der Nacht verabschieden sich zwei Verliebte am Saum der Adria. Ab morgen wird nur dieser Sommer als eine ewige Erinnerung bleiben.*

DAS RUNDE LEDER ODER PARTISANENGESÄNGE

Emina stoppte an der ersten Tankstelle nach der Grenze. Die Stadt Neum war Bosniens Zugang zum Meer. Die neuen Grenzen im Norden und Süden der Stadt schnitten damit den Küstensaum von Dalmatien in zwei Hälften. Lange hatten die Kroaten dafür gekämpft, die ungeliebten Nachbarn gänzlich von der Adria fern zu halten. Und nun war Neum eine der wirklich großen Kröten, die General Tuđman beim Handel der Republiken im fernen amerikanischen Dayton hatte schlucken müssen. Durchaus auch eine schmucke Kröte, die Stadt putzte sich heraus.

Es war hier das gleiche Spiel wie mit allen Korridoren, Exklaven und exterritorialen Inseln an den Rändern der Nationen. Wie auch bei mir zu Hause auf Helgoland. Meine Heimatinsel liegt bekanntlich außerhalb des Zollgebiets der Europäischen Union. Der Unterschied zu Neum: Auf der Insel Helgoland kommen die Yachten vom Festland angetuckert, um zu tanken. Und hier in der Stadt kamen die Autos von nebenan vorbei. Auch das weitere Angebot war billiger als im Umland, und die Wirtschaft blühte im grenzüberschreitenden Handel.

Emina hatte es praktisch im Blut, ihre Fahrten entlang der Adria so abzupassen, dass der letzte Tropfen Benzin für einen Besuch an der Tanke in Bosnien reichte. „Niemand ist damit glücklich", sagte sie, als wir auf eine freie Zapfsäule warteten. „Höchstens eine Handvoll Politiker. Du bist doch alt genug, um noch deinen Adorno zu kennen: Es gibt kein wahres Leben im falschen."

Eigentlich hatte ich sie gerade nach einer Gelegenheit fragen wollen, um in Neum günstig ein paar CDs von bosnischen Hip-Hoppern zu kaufen. Auf unserer Reise drehte sich eben auch eine ganze Menge um Musik. Ich konnte zwischendurch gut ein Gegengift zu dem süßen Vitriol der Sevdah-Lieder brauchen. Nun verschob ich jedoch die Idee mit dem Hip Hop-Shopping auf heute Abend oder gleich ein andermal. Mir war nicht ganz deutlich, ob Emina hier an der Tanke wirklich Adorno als Kronzeugen brauchte, aber ganz sicher hatte das billige Benzin seinen Preis. Heute mussten wir auf der Fahrt nach Počitelj vier Grenzstationen passieren. Das bedeutete hin und zurück acht Kontrollen nur dafür, nur um dafür einen Mokka in der Karawanserei zu trinken.

Als der Fahrer vor uns getankt und bezahlt hatte, stieg ich aus und machte mir an der Zapfsäule zu schaffen. Zwischendurch erkundigte ich mich durchs offene Beifahrerfenster: „Wie ist noch mal die aktuelle Relation der Benzinpreise zwischen hier und drüben?"

Die Antwort kam prompt. „Wie zwei Liter Milch oder ein Liter Diesel in Kroatien." Anschließend fuhr Emina in Richtung Innenstadt, wohin genau würde ich offenbar noch früh genug erfahren. Wir hielten vor einem Supermarkt, um uns mit Wasser für den heißen Tag einzudecken. „Sollten wir nicht hier in Neum auf Atif warten?"

„Werden wir sehen. Wichtiger ist, wir treffen uns später zur Kaffeestunde in Počitelj. Ich muss noch Fleisch bei meinem Schlachter vorbestellen."

„Ja, lecker. Aber müssen wir auf dem Rückweg wieder körbeweise Gemüse mitnehmen? Ich kann mir nicht vorstellen, dass die Tomaten auf der Pelješac wirklich teurer sind."

Emina tupfte sich etwas Schweiß aus dem Gesicht. Sie kontrollierte ihren Lidstrich im Rückspiegel und warf mir einen taufrischen bosnischen Blick zu. „Du verstehst das nicht. Die Ware ist einfach frischer hier."

„Na gut, dann schau ich mich zwischendurch noch etwas um."

Keine Übertreibung schien es, zu behaupten, dass Bosniens Adriaufer winzig war: kaum breiter als zwanzig Kilometer. Wer glücklich am Wasser stand, hatte damit noch längst keinen unverstellten Ausblick auf die Hohe See. Vielmehr lag Neum am östlichen Streifen einer schmalen, langgestreckten Bucht. Einwohner und Gäste schauten auf das stille blaugrüne Gewässer der Muschelzuchten. Hinzu kam noch eine weitere Einschränkung: Ein anständiger Meeresblick sollte eigentlich in der Ferne einen Horizont produzieren. Stattdessen endete die lokale Sicht nirgends anders als an den Bergrücken der vorgelagerten kroatischen Halbinsel Pelješac, die hier auf bald neunzig Kilometer parallel zur Küste verlief.

Während Emina sich in der kühlen Schlachterei aufhielt, stellte ich mich auf einen hitzeüberfluteten Parkplatz oberhalb der Küste und studierte diese geografischen Verhältnisse. Es war wie ein Hase-und-Igel-Spiel, bei dem Kroatien andauernd sagte: Ik bünn all dor! Unvermutet sagte eine Stimme in meinem Rücken: „Unser Bosnien ist wunderschön, nicht wahr?"

Ich drehte mich um. „Atif! Da bist du ja. Wo sind denn deine Begleiterinnen?" Wir verständigten uns auf Englisch, das klappte so là là.

Er hielt seine Sonnenbrille auf mich gerichtet. „Im Café, etwas Eisgekühltes trinken. Das ist auch vernünftiger als hier in der Mittagssonne zu stehen. Andererseits kannst du jetzt in Ruhe den Ausblick genießen."

„Ganz bestimmt, ihr könnt euch in diesem Land glücklich schätzen."

„Du bewunderst aber nicht nur die Natur?"

„Nicht ausschließlich."

Atif lächelte zufrieden. „Ich will mit Politik nichts mehr zu schaffen haben. Trotzdem ich werde dir etwas dazu sagen, damit es dir leichter fällt diesen Ort zu verstehen." Er war Soldat im Bosnienkrieg gewesen und hatte in der Einheit seines Onkels gedient, nämlich unter Eminas Bruder Fadil Čabaravdić. Daran dachte ich bei seiner Bemerkung über die Politik, denn sie war für mich ein *déjà-entendu* aus den Kindertagen. Es war das Mantra meines Vaters gewesen, der als blutjunger Mensch am Zweiten Weltkrieg teilgenommen hatte.

Mein Vater hatte sich die Politik gewiss lautstark vom Leib gehalten, wenn er auf sie eindrosch. Zugleich musste er sie dafür in Reichweite haben wie in einem Boxring. Als ich begann, mich dafür zu interessieren, hatte mich das ziemlich konfus gemacht. Die Erinnerung an den alten Boxer war wie ein Schlag aus blauem Himmel auf diesem schattenlosen Parkplatz. Nun durfte ich zugleich die Generationen sortieren, die sich hier über meinem Kopf die Hände reichten.

Eminas Neffen Atif hatte ich erst auf dieser Reise an die Adria kennen gelernt. Er zeigte die gleichen schwarzen Haare wie die Tante. Und wie der Großteil der Sippe wohnte er ebenfalls in Kakanj, wo er einen Supermarkt leitete. Aber wenn die Familie rief, lief der Laden auch mal ohne ihn. In der bosnischen Gesellschaft hatte jedermann

Verständnis für die Prioritäten in der Verwandtschaft, und eine Tante kam gleich hinter der eigenen Mutter. Folglich hatte er ein paar Tage Urlaub genommen, um Eminas Reisegesellschaft hier unten am Meer zu besuchen und bei Ausflügen als zweiter Fahrer einzuspringen.

Er war jetzt Anfang dreißig und damit noch in dem Alter, wo er einen tüchtigen Spaß in der Künstlerkolonie vertrug, Rauchen, Trinken, Singen, kurze Nächte. Sogar die Mittagssonne am Strand in unserer Bucht fand er neckisch, dabei verschaffte sie ihm vorübergehend eine genuin expressionistische, violette Gesichtsfarbe. In einer anderen Epoche wäre er damit vermutlich zum begehrten Modell inmitten eines Halbkreises von Staffeleien geworden. Doch die Malerinnen in Eminas Künstlergruppe richteten ihren Blick vornehmlich auf die Kreidefelsen der Bucht, die Flora der Pelješac, die Formen der Architektur und die fantastischen Perspektiven von Inseln, die mit ihrem blauschattigen Umriss den Horizont versetzten.

Soweit wir bislang auf der Pelješac miteinander zu tun gehabt hatten, und das war nur kurz, offenbarte Atif drei Leidenschaften: seine Sonnenbrille, sein Handy und den Fußball, der einfach brandaktuell war. Bei mir zu Hause in Deutschland fand in diesem Juni gerade die Fußball-Weltmeisterschaft statt. An meiner Stelle wäre Atif während des Turniers um nichts in der Welt verreist. Dafür hielt er mich nun gutwillig auf dem Laufenden, als einen armen Irrenden, der ein unvernünftiges Stück vom Weg abgekommen war. Wenn die Kroaten spielten, bat ich ihn um seine Kommentare. Und auf unseren Auto-Stopps fühlte ich die Stimmung am Straßenrand. Die Bosnier hatten einen besonderen Pulsschlag. Sie fieberten keinen Siegen entgegen, sondern eher den Niederlagen der kroatischen und serbischen Teams in den fernen Stadien.

Ein Highlight war das Match Serbien – Argentinien gewesen, ein 0:6, das auch auf der kroatischen Halbinsel Pelješac lautstark begangen worden war. Doch Atif hatte sich ebenso gern die Elfenbeinküste gegen Serbien von Anfang bis Ende angeschaut, ein 3:2, nachdem es in der Halbzeit noch 1:2 geheißen hatte.

Heute war spielfreier Tag. Nun war das kaum der Grund, warum an diesem Morgen bislang nicht vom Fußball die Rede gewesen war. Sondern es lag an meiner bisherigen Gesellschaft: Mit Emina unterhielt ich mich ohnehin nicht über Ballspiele. Darüber, was für mich ein nützlicher Zeitvertreib war, hatte sie ihre eigene Vorstellung, und sie trieb zur Entspannung ein anderes Spiel mit mir. Sie warf mir südslawische Zischlaute zu, und ich musste sehen, mit welchen Haken und Ösen ich sie aufs Papier brachte. „Und achte bitte auf die korrekte Schreibweise von Počitelj!"

Mit Atif kam mir dagegen auf dem Parkplatz in Neum unweigerlich wieder der Fußball in den Sinn, obwohl ich jetzt lieber die Gelegenheit nutzte, etwas über seine Sicht auf das Land zu erfahren. Allmählich musste ich mir jüngere Leute suchen um den Dingen nachzugehen. Sein Onkel, der Oberst Fadil Čabaravdić war mitten im Frieden gestorben, und nun wollte ich einen Teil der Antworten, die mir der Oberst schuldig geblieben war, bei Atif suchen. Es konnte nicht schaden einmal vorzufühlen, was er vertrug, wenn ich ihm hier auf dem Parkplatz in Neum eine Frage stellte.

„Ist dies denn überhaupt eine bosnische Stadt? Oder wohnen hier nicht überwiegend Kroaten, die sich dem Landesteil von Dalmatien zugehörig fühlen?"

„Wer fragt danach?", meinte er. „Die Grenze ist dünn wie ein Papier. Selbstverständlich ist hier Bosnien." Er machte sich gut und behielt sein Pokerface bei. Sicherlich half ihm die Sonnenbrille darin, ein wenig wie Al Pacino oder Robert de Niro drein zu schauen. „Durch den Krieg sind wir alle im früheren Jugoslawien zum Spielball in den Händen der großen Mächte geworden. Keine der Kriegsparteien sollte sich nach dem Willen Europas und Amerikas endgültig durchsetzten dürfen. Unser Neum ist ein schlagender Beweis dafür."

„Mag sein, aber deine Tante Emina meint, Neum sei für die bosnischen Kinder da. Damit sie sich in den Ferien auch einmal am Meer erholen können. Kann man die Lage nicht derart menschenfreundlich betrachten? Einfach Ökonomie und Generalstabskarten beiseite wischen. Es gibt doch Menschen, die Historiendramen vom Schlage Daytons gar nicht mögen und stattdessen lieber den menschlichen Faktor sehen."

Atif machte eine raumgreifende Geste über den Parkplatz. Dazu lächelte er sardonisch, wie es nur Robert de Niro fertig brachte. „Siehst du hier irgendwo Schulklassen aus Sarajevo? Lieber solltest du den amerikanischen Strategen und Hintermännern von Dayton deine Anerkennung zollen. Mit der Grenzziehung um Neum haben sie ein Meisterwerk in der Kunst des Kompromisses und der Machtbalance geschaffen. Kroaten und Bosnier sind gleichermaßen unzufrieden. Damit bleiben sie auf Dauer die Klienten Amerikas. Vordergründig sieht es so aus, als ob Bosnien sich mit dem Zugang zum Meer durchgesetzt hat, aber das ist nur scheinbar so. Hast du die Straßenbauarbeiten auf kroatischem Gebiet nördlich von Neum gesehen?"

„Du meinst den geplanten Umweg über die Pelješac?"

Nördlich von Neum schnitt ein weißer Streifen wie eine frische Wunde durch das Kastgebirge hinunter zum Ufer. Dort liefen seit ein paar Jahren die Vorarbeiten für den Bau einer Brücke hinüber auf die Halbinsel Pelješac. Diese Verkehrsführung war ein Umweg und eine kostspielige Verschwendung, doch konnte auf diese Weise das bosnische Territorium umgangen werden. Und für eine Küstenmagistrale in rein kroatischer Hand schienen der Regierung in Zagreb keine Anstrengungen zu hoch. Die dortigen Verkehrsplaner hatten offenbar ihre exklusive Vorstellung vom gemeinsamen Weg nach Europa.

„Wenn du mal wieder allein auf einem Parkplatz stehst, kannst du mich anrufen", sagte Atif. „Hast du überhaupt meine Handynummer?" Ich holte mein Notizbuch aus dem Rucksack und schrieb sie hinein. Atif grinste auf eine ausdruckslose Art. „Allmählich muss ich zurück zum Café."

„Gut ich begleite dich. Da ist nämlich noch eine andere Frage. Kennst du dich etwas in bosnischem Hip Hop aus? Straßenmusik aus Sarajevo? Das ist ein Feld, das ich mit deiner Tante nicht gut zusammen beackern kann. Ich brauche einen Tipp für den Einstieg. Danach kann ich mich dann solo weiter durch die Szene hangeln."

Falls ihn mein Interesse überraschte, nachdem er mich bislang als nur als Bewunderer von Eminas Musik erlebt hatte, ließ er es sich jedenfalls nicht anmerken. Er nahm es schlicht zur Kenntnis. „Wenn wir nach Mostar fahren, werden wir schauen. Solche CDs findest du nur in einer größeren Stadt."

Ich hatte mein Notizbuch noch in der Hand. „Kannst du mir nicht vorweg ein, zwei Namen nennen? Das wäre mir lieb."

„Es ist eine harte Musik."

„Ja, ja, das Pflaster in Sarajevo und Anderswo ist hart."

„Warte, bis du in Mostar bist. Dann hör dir Frenkie an: die *Odličan* CD. Der Sänger nimmt den Mund ein bisschen voll, eben ein Rapper. *Odličan* bedeutet: Sehr gut – echt klasse! Und dann Edo Maajka: *Stig'o ćumur* – Der Pate ist gekommen." Er gab sich Mühe, doch ich merkte ihm an, dass er nicht mit dem Herzen dabei war. Plötzlich lächelte er ganz unverstellt. „Komm mal mit. Mein Auto steht neben dem von Emina beim Supermarkt. Ich werde dir eine Kassette vorspielen, keine Sorge, nur eins der Stücke darauf. Etwas viel Besseres, nach dem du nicht gefragt hast, weil du es nicht kennst."

Wir gingen den Weg zum Supermarkt zurück und unvermutet fiel mir Karl-Beg ein. Trotz unseres Zusammenstoßes in der Bibliothek des Afrika-Asien-Instituts hatte er damals seine CD mit der mystisch-islamischen Sufi-Musik nicht von mir zurück gefordert. Ich hatte das zu würdigen gewusst, denn für ihn verbanden sich jene Züge der arabischen Kultur, die er am meisten schätzte, mit den mystischen Klängen der Trommel und der Rohrflöte, zu welchen die Derwische und die anderen Sufi-Brüderschaften tanzten. Sie fanden sich in der gesamten islamischen Welt, und die Tanzenden Derwische waren bloß die im Westen bekannteste Sufi-Brüderschaft.

Karl-Beg war also nicht nachtragend gewesen. Dennoch ging ich besser davon aus, dass seine Toleranz Grenzen kannte. Deshalb war es mehr eine Selbstverpflichtung, als ich mich nun an Atif wandte: „Übrigens, solltest du irgendwann auf meinen Studienfreund Karl-Beg treffen, dann versprich mir eins: Verrate ihm nicht, dass wir uns über den Hip Hop aus Sarajevo unterhalten haben.

Atif lächelte höflich. Selbstverständlich hatte er keinen blassen Schimmer, wovon ich redete.

Doch er fragte auch nicht, sondern zog sein Handy aus der Tasche und begann im Gehen eine SMS einzugeben. Vielleicht an seine Frau. Er war frisch verheiratet und würde demnächst Vater werden. Vielleicht fragte er auch übers

Handy aktuelle Infos zur Fußball-WM ab.

Auf dem Platz vor dem Supermarkt setzten wir uns nicht in Atifs Auto. Das Wageninnere war viel zu heiß. Er ließ die Beifahrertür offen und schob eine Kassette in sein Autoradio ein. Militärmusik erklang, ein Vier-Viertel-Takt zum Marschieren, ein Chor schmetternder Stimmen. Atif lauschte, und dann ging ein Leuchten über sein Gesicht, eine warme lebendige Freude. „Das ist ein Song aus dem Zweiten Weltkrieg", sagte er. „Als unsere Väter gemeinsam mit Marschall Tito für ein freies Jugoslawien gekämpft haben. Nun hörst du unsere Partisanenmusik. Nimm dir lieber davon eine CD mit nach Hause."

Noch bevor die Musik zu Ende war, kam Emina aus einer Seitenstraße zum Supermarkt zurück und gesellte sich zu uns. Sie hatte alle Besorgungen erledigt und legte den Finger an den Mund zum Zeichen, dass wir uns nicht stören lassen sollten.

Ein einziges Musikstück nur, hatte Atif gesagt, er hielt sich daran und drückte danach die Stopp-Taste. In die Stille hinein sagte Emina: „Bravo! Seid ihr auch schon bei Tito angekommen!"

„Nur musikalisch", sagte Atif. „Ich höre lieber zu, als darüber zu reden." Er wandte sich mir zu. „Bestimmt hast du dich früher mit meinem Onkel Fadil unterhalten, oder? Sonst wäre das wirklich ein Versäumnis von dir." Schon verwandelte er sich wieder in Robert de Niro und sagte ohne eine Miene zu verziehen: „Dann warte ich mal auf den Tag, an dem du mir etwas Neues über ihn bringen wirst. Ich geh jetzt lieber zurück zum Eiscafé, die anderen holen. Den Rest der Strecke können wir auf Sichtkontakt fahren. Ich halte mich hinter euch."

DIE MUTTER ALLER VORSÄTZE

Bevor es weiter ging, trug ich das Wasser aus dem Supermarkt herbei und verstaute es im Kofferraum, 15 Liter gute gesunde bosnische Mineralquelle. Einen halben Liter trank ich gleich davon und dachte an Fadil Čabaravdi. Mit dem hatte ich mir ganz andere Sachen einverleibt, obwohl in vergleichbaren Quantitäten. Er war ein Jäger und pensionierter Oberst, und einmal hatte ich einen Tag lang *šljivo* mit ihm getrunken. Emina hatte uns in einer wildromantischen Berghütte zusammen gebracht. Unterhalb der Veranda, auf der wir saßen, rauschte ein Bach zu Tal. Dort in der Tiefe vereinigte er sich mit dem Bosna-Fluss. Seine Wasser würden etwas gemäßigter, doch immer noch reißend genug an Kakanj vorüber fließen, wo ich mit Emina in ihrem früheren Elternhaus zu Gast war.

Vor dem Krieg war Fadil Mitglied des Jagdvereins von Kakanj gewesen, dem damals ganz selbstverständlich Kroaten, Serben und Bosnier in bunt gewürfelter Mischung angehörten. Einer seiner früheren Jagdgenossen war Pater Stjepan aus dem berühmten Franziskanerkloster im Umland von Kakanj. Das Kloster war erbaut worden, nachdem die Habsburger die Türkenherrschaft in Bosnien abgelöst hatten. Das war nicht nur eine religiöse, sondern auch eine historische Manifestation. Denn das Kloster stand in unmittelbarer Nachbarschaft zu den Ruinen der Residenz, welche Katharina, die letzte katholische Königin des bosnischen Staates im Mittelalter, bewohnt hatte.

Bei meinem letzten Besuch hatte der Mönch Pater Stjepan die Führung übernommen und mir die Schätze der Franziskaner gezeigt. Sein Lächeln war sehr dünn gewesen, als ich ihn auf Fadil ansprach und mich als Freund des Čabaravdić-Clans outete. Als Ausländer, Deutscher zumal, konnte ich unbehelligt die Seiten wechseln, heute diesen Katholiken, morgen jenen Moslem besuchen. Doch untereinander waren die Reviergrenzen nun abgesteckt, und vermutlich waren selbst die Wildwechsel der Jägerschaft mit Schnappeisen und Schlingen unpassierbar gemacht.

Der Oberst Fadil Čabaravdić hatte den Posten eines Kommandeurs in der bosnischen Armee bekleidet. Er verteidigte in dem langen und verwickelten Bürgerkrieg die muslimischen Einwohner von Zenica, einer Stadt in der Mitte des Landes, gegen kroatische und serbische Milizen gleichermaßen. Nach Zenica waren auch viele Mudschaheddin aus der islamischen Welt gekommen, Afghanen, Iraner, Saudis, um ihren Glaubensbrüdern an der Front zu helfen. Heute war die Stadt Zenica dafür bekannt, dass etliche dieser Mudschaheddin nach dem Waffenstillstand und dem Dayton-Abkommen dort geblieben waren. Eine ganze Reihe von Fundamentalisten hatte sich in der Stadt verheiratet, bärtige Gestalten, die in manchem glattrasierten Bosnier wenig brüderliche Gefühle hervorriefen.

„Die Mudschaheddin", sagte der Oberst, „haben die Samen ihrer Dattelpalmen nach Zenica mitgebracht. Aber auf dem Balkan wachsen nur Pflaumenbäume."

Fadil Čabaravdić war nach dem Krieg wieder Zivilist geworden. Sein hellblaues Hemd spannte sich über dem Bauch wie das frische Fell einer Trommel. Allmählich wuchs er vom spitzen Tamtam der Marsch- und Rührtrommeln in das Volumen der Basstrommel hinein. Sie war ein Instrument, das ihn nun durchaus gemäß schien. Die Basstrommel gab in einer anständigen Kapelle das Grundgerüst des Rhythmus' vor, ein Musikinstrument, das mit der osmanischen Janitscharenmusik nach Europa gekommen war. Bei unserem Treffen auf der Berghütte wies er mir seinen Entlassungsschein aus der Armee, den er in der

Brieftasche mit sich führte. „Ich habe dieses Papier zweiundsiebzig Mal geküsst. Jetzt tun mir die Lippen weh."

Der deaktivierte Oberst Čabaravdić ließ die Politik im Abseits stehen und zählte die Tage der Ruhe und die Verwandtschaft. Es war eine Tätigkeit, die ihn ausfüllte, um die Spanne zu überbrücken, bis ihn der Dank des Vaterlandes erreichen würde. Als wir zusammen da oben in den Bergen saßen, hatte ich den Wildbach auf meiner Seite im Rücken und der Oberst saß mir gegenüber und kehrte seinen Leuten den Rücken zu. Er brauchte sie nicht mehr leibhaftig zu sehen, dafür hatte er bereits zu lange trainiert. „Vor allem darfst du niemals auf einem Bein stehen", sagte er. „Wenn du das tust, wirst du alles durcheinander bringen, weil du ständig an dein anderes Bein denkst."

„Was machen demnach die Invaliden, Oberst?"

„Das darfst du keinen Veteranen fragen, der auf zwei Beinen nach Hause gekommen ist."

In seinem nachgetragenen Alltag war er zugleich eine Inkarnation der Literatur. Niemand Geringeres als Gabriel Garcia Marques hatte die Erzählung von dem Oberst verfasst, dem niemand schreibt. Worum drehte sich unser Gespräch auf der Veranda, wenn nicht um die beruhigenden Gewissheiten von Zielen und Zahlen? Fadil Čabaravdić hatte bei seiner Replik vergessen zu erwähnen, dass er im Krieg zuckerkrank geworden war. Bei seiner Entlassung ins Zivilleben fand er seine Gliedmaßen in der Tat noch vollzählig vor, doch anschließend hatten ihm die Ärzte aufgrund der fortschreitenden Krankheit ein Bein amputiert. Falls der Oberst Čabaravdić im Nachkrieg sich selber dennoch für eine reale Person hielt, schien es ihm vollkommen angebracht, dies mit geistigen Getränken unter Beweis zu stellen.

Die Luft um die Hütte, in der wir den *šljivo* nahmen,

war kalt und beladen von Nässe gewesen. Dunkle Wolken gingen über den Bergkamm. An der Flanke des Bergs brach der Wald mit Macht aus dem Fels, die Wipfel bogen sich unter Windstößen. Dennoch verbrachten wir den ganzen Tag lang draußen auf der Veranda vor der Hütte. Befeuert vom pan-jugoslawischen Pflaumenschnaps hatten wir von allem geredet, nur nicht vom Krieg. Er war neben dem Wildbach ein zweiter brausender Abgrund, den wir nur im Sicherheitsabstand umkreisten.

„Was mir nicht aus dem Kopf geht", sagte ich, „aber auch nicht gut hinein passt, ist ein Satz aus einem Reiseführer. Das Werk ist zwar schon älter. Aber, das frage ich dich, Oberst, soll ich es deshalb gleich als Propaganda sehen? Um es dir zum Kosten zu servieren: *All die Jahrhunderte des Kampfes um Dasein und Freiheit hindurch,* so steht es da, *ist in den Serben, Kroaten, Montenegrinern, Bosniern, Mazedoniern das Streben nach einer großen südslawischen Gemeinschaft lebendig."*

„Bücher", sagte der Oberst und machte eine Geste als wollte er sie alle auf einmal zuklappen. „Sind sie dick genug, können sie dir das Leben retten. Trag sie am besten in der Brusttasche über dem Herzen. Wenn du aber ein gutes Buch aufschlägst und liest darin und die Kugel kommt, was dann? Du bist unvorsichtig gewesen, und eine Botschaft des Satans hat freie Bahn, um dir die Lunge zu perforieren. Wir wollen indes nicht weiter davon reden. Nichts ist so sicher wie der Tod, und nichts so ungewiss wie seine Stunde. Sag mir nun, mein Freund aus Deutschland: Wie heißt der Autor deines Reisebuches?"

„Dmitar Čulić, wieso?"

„Demnach ein Orthodoxer, wohl ein Serbe."

Es war für den Besucher aus dem Westen noch jedes Mal unerfindlich, wie die Bewohner des früheren Jugoslawiens vom Namen ihres Gegenübers unfehlbar auf dessen Volksgruppenzugehörigkeit schließen konnten. Dabei ging es nicht um Wortstämme, Endungen oder sonstige grammatikalische Regeln, sondern um einen Namenskatalog. Nur schwer war die gewaltige Lernleistung vorstellbar, die hier zum einzigen Zweck der Abgrenzung vollbracht wurde. Ich fragte ihn: „Was willst du damit ausdrücken?"

„Zunächst ist es eine bloße Feststellung, warum so ungeduldig? Wir haben den ganzen Tag vor uns. Wenn das Werk eine Information über ganz Jugoslawien geben soll, wie hat unser Autor dann das Kapitel über Bosnien benannt?"

Den alten Bertelsmann Reiseführer *Urlaub in Jugoslawien* hatte ich in Hamburg auf dem Flohmarkt gekauft. Er befand sich in dem Reisegepäck, das ich in Kakanj gelassen hatte, und meistens las ich morgens nach dem Frühstück ein paar Seiten darin. Deshalb konnte ich die Frage des Obersten ohne viele Umstände beantworten. „Das Kapitel lautet mehr oder weniger geographisch korrekt: *Im Herzen von Jugoslawien*."

„Nun, bevor wir unser Herz ausschütten", sagte der Oberst, „wollen wir auf Bosnien anstoßen. Möge die Heimat immerdar leben! *Živili!* – Prost." Mit gewissen Bedenken sah ich, wie er sein Glas in einem Zug leerte. Wenn ich Glück hatte würde er es ignorieren, dass ich es ihm nicht zur Gänze gleichtat. Er drückte das Kreuz durch und schaute über meinen Kopf hinweg. „Und wie betitelt der Reiseführer die Republik Serbien?"

„Weniger geographisch, mehr frisch von der Leber weg. Da heißt es: *Das Land alten und neuen Ruhmes*."

Sein Blick fiel aus den Wolken herab, und er sagte: „Du hast dein Glas nicht zur Neige ausgekostet. Das ist nicht recht." Ich holte das nach und der Oberst füllte die

Gläser neu. „Nun, wenn jemand bloß ein Herz hat. Und ein anderer strebt nach Ruhm. Was wird über kurz oder lang geschehen?"

„Er wird es erobern", sagte ich ohne Zögern. Der *šljivo* machte mich bedenkenlos. Es war besser ein wenig zurück zu steuern, und ich besann mich wieder auf meinen Ausgangspunkt. „Vor allem habe ich dich nach der Sehnsucht gefragt, mein Oberst. Ob es damals reine Propaganda gewesen ist, unter einander von der Sehnsucht nach Jugoslawien zu reden?"

„Die Sehnsucht der Völker ist wie die Sehnsucht des Einzelnen wohl selten zu ergründen. Niemand kann begreifen, was geschehen ist. Denn niemand hat es gewollt. Den Anfang haben die anderen gemacht. Und wer sind nun *die Anderen?* Wende dich an wen du willst: Stets wird du dieselbe Antwort bekommen. Aber heute frag lieber nicht in die Runde. Wir zählen nicht die Verwandtschaft, die hier in dieser Hütte mit uns versammelt ist. Sondern wir zählen jene, die da fehlen."

Auf der Veranda konnten wir auch schweigen. Neben uns gurgelte und rauschte der Bach. Der Wind spielte in den Bäumen. Vögel sangen gegen sein Lied an, Amseln und recht fremdsprachige befiederte Spezies. Über Fadils Wangen liefen ein paar Tränen. Der Standpunkt des Kommandeurs ließ sich in keine Karte eines Generalstabs einzeichnen. Alles was ich über Oberst Čabaravdićs aktive Zeit in der Truppe wusste, hatte mir wiederum Emina erzählt.

Vor unserer Berghütte drehten sich zwei Lämmer am Spieß. Es war wie in Patagonien am anderen Ende der Welt. Ein Land, das ich nicht vergessen konnte und dessen lebendige Gegenwart ich grenzenlos liebte. Viele Bosnier und Kroaten waren vor einem guten Jahrhundert dorthin ausgewandert. Es war die gleiche alles verschlingende Fröhlichkeit und Melancholie, die Lebensgier und das Einverständnis mit Gevatter Hein.

Kein wahres Fest ohne ein Lamm am Spieß, hier in Bosnien wie drüben in Patagonien. Eigentlich sollte der Festschmaus die solide Grundlage bieten um darauf einen Schnaps zu trinken. Bis das Fleisch gar sein würde, musste das Lamm indessen viele Stunden über der glühenden Holzkohle braten. Das war ein indiskutabler Zeitraum. Niemand konnte von einer Männerrunde im bosnischen Kernland verlangen, die Enthaltsamkeit derart auf die Spitze zu treiben. Allein schon dem Gast gegenüber war Fadil Čabaravdić es schuldig gewesen sich hinzugeben. Und wer war ich, diese Gastfreundschaft abzulehnen, die aus einem Fünf-Liter-Demion in ein Gläschen und von dort gleich mitten ins Herz floss?

Der *šljivo* war in diesem Landstrich Europas ohne Frage die Mutter aller Vorsätze. Er war ein ebenso unschuldiges Glück, wie ein bodenloses Gesöff.

Das Fest des Obersten Fadil Čabaravdić in der Berghütte bei Kakanj lag nun etliche Jahre zurück. Er war gestorben, ohne dass er Antworten auf die Fragen bekommen hätte, die ihn in der letzten Spanne seines Lebens bewegten. Er atmete sie aus wie einen blauen Rauch, der sich in den höheren Sphären ohne ein Zeichen verlor. Die ehemaligen Jagdgenossen um den Pater Stjepan hatten sich den unzeitigen Tod des Oberst mit seiner gefühlvollen Leber erklärt, die in ihrer Leidensfähigkeit das menschliche Maß an Schuld und Geduld überschritten hatte. Doch Fadils Schwestern Emina, Bedra und Mirsada gaben nichts auf eine derart einseitige Begründung. „Er ist am schwierigen zweiundsechzigsten Jahr gestorben", teilte Emina mir mit.

Dagegen war nichts zu sagen.

EIN ZWEIG VON ROSMARIN

In meinen Aufzeichnungen hatte ich begonnen, für slawische Orte und Personennamen eine deutschen Umschrift zu benutzen. Als Emina es herausfand, war sie entsetzt. „Niemand, der das liest, kann erkennen, worum es sich handelt. Die Worte sind ganz fremd und sonderbar. Jeder wird sich fragen, was hat er denn damit gemeint? Das darfst du nicht machen!"

Nachdem wir Neum verlassen hatten, um auf der Küstenstraße weiter nach Norden zu fahren, nahm ich mein Notizbuch wieder aus dem Rucksack. Ich las Emina die Namen der Hip Hopper sowie die Titel der CDs vor, die ihr Neffe mir empfohlen hatte. „*Odličan* und *Stig'o ćumur*. Kennst du die?"

„Nein, aber vergiss bitte nie, die Worte korrekt zu schreiben!" Sie überholte und nahm eine Kurve, ohne zu blinken oder die Geschwindigkeit merklich zu verringern. „Was sollen sonst die Leute denken?"

Die weitere Strecke bis Počitelj fuhren wir also nun mit Atif und den Malerinnen im Konvoi. Ich schaute gelegentlich nach hinten, doch meistens hielt ich mich an die wechselnden Ausblicke auf das Meer. Graue, spärlich grün gesprenkelte Karsthügel schoben sich wie Theater-Vorhänge zwischen die einzelnen Szenen, die sämtlich einen tiefblauen Untergrund hatten. Unvermittelt spielte ein anderes Stück. Auf einem Hügel neben der Straße platzte ein großflächiges Werbeplakat mit dem farbigen Bildnis des Generals Ante Gotovina in die Szenerie.

Ich kannte sein Portrait aus der Zeitung, und zwar aus der Rubrik: mutmaßliche Kriegsverbrecher. Der kroatische General Gotovina war untergetaucht, nachdem vor dem Internationalen Tribunal in Den Haag Anklage gegen ihn erhoben worden war. Fahnder hatten ihn weltweit gesucht und schließlich in Spanien festgenommen. Nun saß er endlich in Haager Untersuchungshaft. Doch auf dem Balkan, wo jedes Volk seine eigene exklusive Wahrheit besaß, bissen die Kroaten bei dieser Nachricht die Zähne zusammen.

Auf der Pelješac hatte ich bereits schwarze Graffitis an der Häuserwänden gesehen: *Ohne Ante Gotovina gäbe es die kroatische Heimat nicht.* Sie machten einen gewissen Eindruck als Ressentiment des schwarzen Untergrunds, aber doch nicht weiter reichend. Hier an der Küstenmagistrale indes prangte Ante Gotovina im Vierfarbdruck und im vollem Generalsornat. Ohne die Duldung offizieller Stellen war derartiges nicht denkbar. Das war ein plakatives Auftrumpfen wie eine Zigarettenwerbung. Allerdings fehlte der Hinweis: *Der Rauch dieser Zigarette kann tödlich sein.*

Emina nahm meine Überraschung mit Nachsicht auf. Was den Balkan anlangte, waren eben alle Besucher aus dem Westen Europas naiv. Die Fahrerin schob ihre Sonnenbrille nach oben ins dunkle Haar, griff ins Handschuhfach und hielt mir einen Zweig von frischem Rosmarin vor die Nase. Sie hatte ihn noch vor dem Frühstück gepflückt. „Hier, musst du ein bisschen zwischen den Fingern reiben!" Gerüche, meinte Emina, machten Gedanken.

Das konnte schon sein. Ich übte meine Nase an dem Rosmarin und dachte bei der Weiterfahrt an meine abendliche Lesestunde auf der Terrasse unserer Pension, nicht zufällig war es gerade Ivo Andrićs Roman *Die Brücke über die Drina* gewesen. In der schmalen Bucht von Prapratno lebten wir mit geteilten Nächten. Auf unserer Seite war eine Straßenbeleuchtung installiert, aber auf der Bergflanke gegenüber herrschte der Mond. Wenn er rund und satt am Himmel stand, heulten dort die Coyoten im dornigen Gestrüpp der Macchia.

Tagsüber, wenn die Sonne den Ton angab, waren wir auf der Terrasse vom Halbschatten des blühenden Oleanders umfangen. Hier überholte ich meine Lektüre des Balkans und brachte sie auf einen aktuellen Stand, trotz allem willkürlich, ein wenig wuchernd und zufällig genug, Bücher, Pamphlete; falls wir nicht unterwegs waren. Eines Morgens fand ich einen Satz von fremder Hand in meinem Notizbuch: „In Bosnien bleiben die Interessen der Parteien unversöhnt. Es gibt keinen Clausewitz, sondern Politik ist Krieg mit anderen Mitteln." Mehrere Leute kamen für einen solchen Gedanken in Frage, wir hatten am Abend in größerer Runde zusammen gesessen und Wein getrunken. Ich wollte mir keine Blöße geben und forschte nicht herum.

Manchmal übersetzte Emina für mich Zeitungsartikel, zu anderen Stunden fragte ich sie über ihre Leute aus. Ihre beiden Schwestern Bedra und Mirsada, die mit uns an die Adria gekommen waren, führten das Regiment in der Küche. Im Elternhaus waren sie ein Dutzend Geschwister gewesen, und ich wollte mir ein klareres Bild verschaffen, wie Eminas verzweigter Clan durch den Krieg gekommen war.

Mirsada kannte ich schon länger. Kurz nach dem Dayon-Abkommen hatte ich sie bereits in Visoko besucht, und sie hatte mir in ihrer Wohnung die Einschüsse der Heckenschützen gezeigt. Als ich bei ihr zum Kaffeetrinken erschien, waren die Fensterscheiben gerade neu eingesetzt. Aus Furcht vor den *Snajpern*, den Scharfschützen im Hinterhalt, hatte sie mit der Familie monatelang im Treppenhaus geschlafen. Brauchte sie dort Licht, hatte sie notgedrungen eine Kerze angezündet.

Fortan bedeutete Kerzenlicht für Mirsada den Krieg. Emina und Bedra wussten darüber Bescheid. Und das war nun der Grund, warum wir an den romantischen Abenden in unserer Pension keine Kerzen auf dem Tisch stehen hatten. Ich konnte recht kommod damit leben. Eine andere Frage, die sich mir seit längerem stellte: Warum zitterte Mirsadas rechte Hand?

Ein paar Tage später hatte ich dann mittags mit Atif an dem langen Esstisch auf der Terrasse gesessen. Wir waren allein zurück geblieben, jedenfalls beinahe allein in diesem Fussball-Juni. Atifs Handy entwickelte doch eine formidable seelische Raumverdrängung. Sein Besitzer war ganz darauf fixiert und ich fand mich eher im Abseits. Emina war mit ihren Schwestern zum Einkaufen gefahren, und der Rest der Gesellschaft lag unten am Strand. Als der Mobilfunk gerade schwieg, nutzte ich die Gelegenheit, um Atif nach seinem verstorbenen Cousin Mahir zu fragen. Mahir war der Sohn von Mirsada gewesen, und ich wusste bereits, dass er im Bürgerkrieg umgekommen war. Mich interessierten nun die genauen Umstände.

Ein tiefblauer Äther spannte sich über den höchsten Pinien vor der Terrasse. Zu den Seiten des Tisches blühte der Oleander, in meinem Rücken befanden sich die Küche und eine Ecke mit einer Anrichte voller Obst und Gemüse, Kräutern und Gewürzen, darunter ein dicker Strauß von Rosmarin.

Atif legte die Sonnenbrille neben das Handy. „Das ist keine gute Geschichte." Er guckte auf mein Notizbuch und sog geräuschvoll die Luft durch die Nase ein. „Im April 1994 kam eine Spezialabteilung der kroatischen Miliz nach Visoko", sagte er. „Die Miliz rekrutierte alle Männer im wehrfähigen Alter, deren sie in habhaft werden konnte. Dabei durchkämmten die Kroaten auch das Mietshaus, in dem meine Tante Mirsada mit ihrer Familie lebte. Und Mahir gehörte zu den Zwangsrekrutierten. Niemand erfuhr zunächst etwas über ihren Verbleib. Nach 18 Tagen kehrte ein junger Mann aus der Nachbarschaft plötzlich nach Hause zurück. Und meine Tante fragte ihn: Warum kommt Mahir nicht?"

Atif beugte sich unvermittelt vor und schaute mir direkt in die Augen. „Weißt du, was er antwortete?" Ich schüttelte den Kopf, und Atif nickte ein paar Mal. „Er sagte: *Oh, machen Sie sich keine Sorgen! Es geht ihm gut.* – Da hatten sie ihn längst umgebracht. Im Oktober, also sechs Monate später, erhielt die Tante ein Schreiben der Stadtverwaltung von Visoko. Die beiden wichtigsten Sätze darin lauteten: *Am folgenden Samstag wird es auf dem Marktplatz der Stadt zu einem Gefangenenaustausch kommen. Wer Angehörige vermisst, wird gebeten sich pünktlich um elf Uhr morgens dort einzufinden.*"

Atifs Handy klingelte. Er drehte sich zur Seite, während er antwortete. Die Gegenwart war wichtiger als die alten Geschichten. Ich hörte ihm zu, obwohl ich kein Wort verstand. Als er auflegte, sagte ich: „Ein Gefangenenaustausch. Vom Tod war keine Rede?"

„Richtig." Atif setzte sich die Sonnenbrille wieder auf, obwohl er im Schatten saß. Er sagte: „ Als der Armeelastwagen zur angegebenen Uhrzeit auf den Wochenmarkt einbog, waren alle betroffenen Mütter vor Ort. Soldaten kletterten aus dem Führerhaus und schlugen die Plane der Ladefläche zurück. Statt der Söhne transportierte der Lastwagen Särge. Es ging nun an die Verteilung der Leichen. Die Tante zeigte auf einen geöffneten Sarg und identifizierte die Turnschuhe von Mahir. Der Körper war schon nicht mehr kenntlich."

Ich sagte: „Und seitdem hat Mirsada dieses Zittern."

Atif sagte: „So ist es. Und niemand wurde für den Mord an Mahir zur Rechenschaft gezogen."

So also sah der Bürgerkrieg aus, der in den neunziger Jahren auch bis nach Dubrovnik und an diese Adriabucht gekommen war. Allerdings: In unseren Garten, auf den Oleander und die Terrasse, hatte die Apokalypse nicht ernsthaft hineingeschaut. Atif telefonierte, ich musterte die Tischdecke. In diesem Moment war es gut, dass sein Handy uns trennte. Ich hatte ihm mit meiner Fragerei keinen Gefallen getan. Irgendwann hob ich den Kopf, und das Gehörte löste sich auf in wunderbare Farben und Düfte.

Als das Handy wieder Pause machte, hatte ich noch eine letzte Frage: „Betet ihr zu Hause auch vor dem Essen?"

Mein Gegenüber war ein großer, kräftiger Mann, der langsam Ringe um die Hüften ansetzte. Jetzt machte er wieder sein ausdrucksloses Gesicht. „Nein, müssen wir nicht. Wir haben eine gute Köchin." Er grinste und stand auf, um mich allein zu lassen.

Mit seiner Wendung hatte er jedenfalls recht, was das Kulinarische betraf. Der lange Tisch auf der Terrasse gab zu jeder Mahlzeit neue Geheimnisse der bosnischen Küche preis. Lorbeer, Thymian, Minze und Rosmarin kamen als Zutaten aus dem gleichen dornigen Gestrüpp vor der Haustür wie die Coyoten. Olivenöl, Wein und Schinken stammten ebenfalls von der Halbinsel Pelješac. Und zwar aus einem Dorf, das die Coyoten hungrig umkreisten.

Mitten in diesem kleinen Dorf Putnikovići saß der alte Niko mit seinen beiden alten Schwestern und einem Jagdgewehr und sorgte für klare Verhältnisse, damit uns die Vorräte nicht ausgingen.

Niko passte auch auf Eminas Haus auf. Das war eine Bauernkate aus grauem, gemauerten Naturstein und Emina war die einzige Muslimin mit Besitz in dem katholischen Dorf und darüber hinaus in dem weiteren Kirchsprengel. Orthodoxe Serben gab es überhaupt nicht mehr vor Ort. Sie waren vor Ausbruch des Krieges geflohen, von serbischen Emissären gewarnt. Nach dem Abzug der serbischen Armee aus Dalmatien waren ihre Häuser von den Kroaten sämtlich zerstört worden. Auch der Frieden in Kroatien war für manche Leute noch Krieg mit anderen Mitteln.

Niko hatte damals gedroht, auf jeden zu schießen, der Eminas Haus plündern wollte, und so war der Besitz über die Runden gekommen. Wir wohnten nicht dort, die Kate war zu klein. Aber wir grillten gelegentlich in dem Garten und schauten von der Terrasse auf den Sonnenuntergang in einem Meer von grünen Karstgipfeln. Niko wusste von dem Versprechen, das Emina mir abgenommen hatte. Keine Diät auf der Pelješac! Ich musste meine guten Vorsätze auf meine Rückkehr nach Hamburg verschieben.

„In Hamburg", sagte sie, „kannst du gerne hungern. Hier überlässt du das gefälligst den Coyoten."

Niko war derselben Meinung.

Wenn ich auf einer Klippe in der Bucht stand, schaute ich nicht gern auf meinen Umriss in der spiegelnden See. Heimlich hatte ich doch ein paar Vorsätze mitreisen lassen, Maß und Askese betreffend. Nun verriet ich sie schmählich einen nach dem anderen. Wir aßen und verstrickten uns an dem langen Tisch in Gespräche, eine Gruppe von Bosniern und Deutschen auf kroatischen Boden. Unten im Wasser der Adria schwammen angeblich 365 Arten essbarer Fische.

„Einer für jeden Tag", hatte Niko gesagt.

IN DER KARAWANSEREI

Der Verkehr auf der Küstenstraße war aufgelockert und gab der Fahrerin Raum, um einige Telefonate zu führen. Mir war es recht, ich tauchte in die Farbe der Landschaft zu beiden Seiten der Straße, ein Fächer aus blauen Schatten, zu dem sich die Höhenzüge in vielen Abstufungen zwischen Himmel und Meer fügten. Die Temperaturen und die Passivität auf dem Beifahrersitz verleiteten mich zu verschiedenen Spekulationen. Ich brauchte nur die Augen zu schließen, und Atif, Mirsada oder der Effendi Imam Džemal aus Počitelj waren am Apparat, wenn Emina in der fremden Sprache eins ihrer Handygespräche über dem Steuer absolvierte.

Danach drehte sie das Autoradio auf, knallige bosnische Popmusik. Ich ließ mich ablenken. Gern wollte ich hören, was die jungen Leute bewegte. Atifs Partisanensong war eine heftige Retro-Musik gewesen. Doch am Ende brachte mich der Rosmarinzweig, den ich in der Hand hielt, weg von jeder Musik und hin auf die würzigen Eier mit Hack, die Eminas Schwester uns schon am Morgen vorgesetzt hatte. Bosnische Küche eben, die darauf bestand, dass Magenfreude die Mutter aller Freuden war.

Am Mündungsdelta der Neretva bog Emina nach Osten in Richtung Sarajevo und Mostar ab und wir folgten der Straße durch das Flusstal in das Karstgebirge. Diesen Weg also waren die Karawanen gezogen, die im osmanischen Reich zwischen dem bosnischen Hinterland und der Seehandelsstadt Dubrovnik verkehrten. Mit sehr viel mehr Mühsal als wir hatten sie die bosnische Bergwelt bewältigt. In Počitelj endlich erreichten die Kaufleute damals auf ihren Maultieren und Packpferden die Karawanserei, in der sie rasten konnten, um sich von den Strapazen der unwegsamen Berge zu erholen. Sie blieben ein paar Tage oder auch ein paar Monate. An strategischem Ort gelegen, war Počitelj zugleich die Zwingburg der osmanischen Herrscher; gut, wer als Reisender keinen Stress mit den Türken hatte.

Besser noch für den Fremden, Emina als Begleiterin zu haben. Sie kannte Gott und die Welt und übersetzte mir die kleinen Dinge, die sich die Leute im Vorübergehen zuwarfen. Auch in Dubrovnik hatte sich das bewährt. Vor ein paar Tagen waren wir dort über die Plaza geschlendert und hatten dann in einem Straßencafé aus heiterem Himmel den Imam der dortigen islamischen Gemeinde getroffen. Er hatte Geduld für eine Menge Fragen von mir gehabt. Und abends in der Pension, als wir in größerer Runde auf der Terrasse am Meer zusammen saßen und den Hauswein unseres Vermieters tranken, sagte Emina: „Da hast du Schwein gehabt."

„Ich habe Emina gehabt."

„Ja, ich bin dein bosnisches Glücksschwein."

„*Elhamdulillah*, Gott sei es gedankt."

Die deutschen in der Runde hatten ein bisschen geguckt: An den Achttausendern einer fremden Sprache bewältigte Emina auch die lotrechte Wand des Humors. Dann hatten wir gebratenen Knoblauch gegessen. Er schmeckte zart wie Butter. Unsere stämmige bosnische Küchenfee, es war ja Atifs Mutter Bedra, pflegte ganze Knoblauchknollen in Olivenöl, Rosmarin und andere frische Kräuter von der Adria einzulegen. Die marinierten Knollen dünstete sie dann am Abend in der Pfanne, und wir aßen sie aus der Hand, indem wir unsere Skepsis beiseite ließen, wenn wir die Zehen aus ihren Häuten herausdrückten. Die Küche des Balkans barg merkwürdige Überraschungen, die ich mir gut zu merken vornahm. So zubereitet, hatte der

Knoblauch jede Schärfe abgelegt und hätte auch keinen Vampir mehr von meinem Pensionszimmer ferngehalten.

Wir passierten zwei Tunnel in den Gebirgseinschnitten am Fluss. Dann führte uns die Mittagshitze an kurzer Leine. Wir machten bereits Stopp, wehrten die Stechfliegen auf dem Parkplatz ab, schüttelten die Kleidung aus, die uns am Körper klebte, und gingen schnurstracks in das taufrische wieder aufgebaute Rasthaus von Počitelj. Das Andere würde warten müssen.

Kelims auf dem Steinfussboden und an den Wänden, ein Zeltdach über dem offenen Raum, rote, orange und weiße Sitzpolster. Kelims waren die bosnischen Teppiche, nicht geknüpft, sondern handgewebte Wolle. Zarte Vorhänge in den gleichen Farben, bewegt von einem angenehmen Luftzug. Dazu bosnisch-orientalische Weisen, die aus verborgenen Lautsprechern flossen. Adela, eine junge blonde Schönheit in Jeans, servierte uns Baklava auf weißem Porzellan und einen türkischen Kaffee in seinem Messingtopf. Bevor ich nun kosten durfte, verabreichte mir Emina eine neue Lektion. „Baklava ist ein Rezept aus Walnüssen, Zitronen und viel Honig, in dünnen Blätterteig gewickelt." Dann man fröhliches Naschen, ich aß eine schwere kuchenbraune Süßigkeit aus dem Morgenland. Muslimische Hausfrauen in Bosnien, die auf sich hielten, wetteiferten in ihrer Herstellung.

Zur Hofseite hin breitete eine Mimose ihre rotweißen Blütensonnen und ihr Blätterdach aus. Anna, eine der Künstlerinnen aus Hamburg, die einen eleganten Filzhut auf dem Kopf trug, wickelte mir einen Turban aus einem weichen weißen Tuch. Immer hübsch freundlich bleiben, sonst knipst die Mimose ihre Sonnen aus und rollt die Blätterpracht ein. Auf solch einer Terrasse, in der ruhigen Welt unter dem Zeltdach fiel mir das nicht schwer, aber die Ankunft unten auf dem Parkplatz hätte meiner gelassenen Haltung beinahe den Garaus gemacht. Ein Schwarm fliegender Händlerinnen hatte die Neuankömmlinge umringt und nötigte uns zum Kauf von überteuerten Spießen mit Früchten und Rosinen und des üblichen touristischen Tands auf einer Kameltankstelle, wie Karawansereien im Reisedeutsch hießen. Auf dem Äquator, am südlichen Rand der weiten islamischen Welt, genauer auf der Insel Sansibar, hatten die Leute eine treffende Bezeichnung für diese Plagegeister der Reisenden: Paapasi, Stechfliegen.

Das Restaurant Han, in dem wir saßen, war vor dem Bürgerkrieg eine berühmte Adresse in der Region gewesen. Ein Khan oder Han war die traditionelle Bezeichnung für den Handelshof einer Karawanserei. Auch Eminas Elternhaus in Kakanj besaß einen Han, nur kleiner, auf die Bedürfnisse des familiären Tuchhandels ausgerichtet. Im Krieg hatte der Han von Počitelj das Schicksal des Ortes geteilt, die Küche wurde gründlich geplündert und die großen Herde wanderten in winzige Notunterkünfte auf dem Land. Der entkernte Raum diente danach einige Jahre kroatischen Flüchtlingen aus Kakanj als Kapelle.

„Ich habe das Gefühl", sagte Emina, die entspannt auf einem Polster ruhte, „hier bin ich in Syrien in der Wüste."

Das war kein schlechter Anfang. In den Erzählungen aus Tausendundeiner Nacht fand sich auch eine Regel für gute Geschichten. *Eines Tages saß der Kalif el-Mamun, der Beherrscher der Gläubigen, in seinem Palast. Er hatte die Großen seines Reiches um sich versammelt, desgleichen auch die Dichter und die Tischgenossen. Unter ihnen befand sich einer mit Namen Mohammed el-Basri. An ihn wandte sich der Kalif mit den Worten: Mohammed, ich wünsche von dir, dass du mir alsbald etwas erzählst, dass ich noch nie gehört habe. O Beherrscher der Gläubigen, gab jener zur Antwort. Wünschest du, dass ich dir eine Geschichte erzähle, die mir nur zu Ohren gekommen ist, oder ein Erlebnis, das ich mit meinen Augen wahrgenommen? Darauf sagte der Kalif: Mohammed, erzähle mir das, was von beiden am seltsamsten ist.*

Eminas Vater Latif Čabaravdić, der Tuchhändler und Koranlehrer aus Kakanj, hatte die Tochter nicht allein in die Türkei, sondern auch auf noch weitere Reisen mitgenommen. Sein Rufname war ein Omen, *Latif* kam aus dem Arabischen und bedeutete nichts anderes als der Reisende. Seine Unternehmungen rissen die ganze Familie in ihren Strudel, und als Kind hatte Emina noch durchaus zwiespältige Gefühle bei der Rückkehr des Vaters gehegt. Es war ein Hangen und Bangen. Mutter und Kinder konnten nie sicher sein, mit welchen Waren der Kaufmann diesmal das Geschäft voll stopfte. Anders als die meisten Kinder war Emina heimlich froh, wenn ihr Vater gar nichts mitbrachte.

Die Musik unter dem Zeltdach der Karawanserei untermalte die Geschichten aus Bosnien und einer Nacht. Der Orient war das Land der Fabeln, und wir waren im Orient des Abendlandes.

Eines Tages sagte Eminas Mutter Samija: „Kommt mit zum Bahnhof, Kinder!"

„Wieso?"

Wortlos lotste die Mutter den Trupp der Geschwister, es waren etwa ein Dutzend, durch die Stadt Kakanj und zu einem Eisenbahnwaggon, der auf einem Abstellgleis stand. Sie öffnete die Schiebetür, und die Kinder schrieen auf vor Schrecken und brachen in Tränen aus. Diesmal hatte Latif Čabaravdić kurzentschlossen eine Waggonladung Melonen aufgekauft. Die Familie musste die Früchte vom Bahnhof nach Hause schleppen, dort wurden sie auf dem Bürgersteig vor dem Tuchgeschäft zu Pyramiden gestapelt, und die Kinder erhielten die strikte Anweisung, diese zu bewachen. Unten lagerten die Melonen auf Heu, und der Vater schärfte Emina ein, das Heu bei Regen schützend um die Früchte zu legen. Emina tat wie geheißen, doch im Stillen bat sie um höheren Beistand.

„Möge Allah auf meiner Seite sein, damit die Früchte rasch verfaulen."

Das Rasthaus Han hielt sein schützendes Dach über die Geschichte von dem kleinen Mädchen und den Wassermelonen. Als Emina geendet hatte, trat nun die Musik in den Vordergrund und spann auf ihre Weise den Faden fort. Die Erzählerin winkte der blonden Bedienung und lehnte sich bequem zurück in das Sitzpolster. Nachdem Adela ihr einen frischen Mokka gebracht hatte, wandte sich Emina an mich. „Jetzt ist die Reihe aber an dir, mein Freund. Ohne einen Beitrag wirst du nicht aus diesem Han entlassen."

Ich sagte: „Mein Vater handelte mit Apfelsinen. Er war jedoch kein Kaufmann, sondern ein Zauberer. Und selbst das war er streng genommen nur im Nebenberuf. In meiner frühen Kindheit lebten wir noch mit den Mängeln der Nachkriegszeit. An etwas so Exotisches wie Apfelsinen war höchstens an Festtagen zu denken. Damals arbeitete mein Vater einen Winter lang im Hamburger Hafen. Dort gab es einen Brauch, von dem meine reine Kinderseele nichts ahnte, *'ne Hiev durchsacken lassen* wurde er genannt. Ab und an ließen die Arbeiter beim Entladen eines Schiffes einen Sack oder eine Kiste vom Kranhaken fallen. Der Inhalt verstreute sich auf dem Kai, dort lagen nun Bananenstauden, Corned Beef oder Kaffee, und die Männer räumten erst einmal gründlich auf, bevor die Arbeit weiter ging.

Wir wohnten damals zusammen mit meiner Oma in einer Flüchtlingsbaracke. Eines Abends stellte sich mein

Vater mitten in unsere gute Stube und sagte zu mir: ‚Heute werde ich dir einen ganzen Sack Apfelsinen herbei zaubern.' Er machte sich sogleich ans Werk und stieß einen nicht enden wollenden Reigen an Zaubersprüchen aus: ‚Simsalabim bamba saladu saladim. Dreimal schwarzer Kater! Simsalabim bamba saladu saladim.' Bei jedem ‚schwarzen Kater!' fiel ihm eine Apfelsine aus dem Ärmel. Ich konnte es nicht fassen, von dieser Flut an kostbaren Früchten überschwemmt zu werden. Wie betäubt von meinem Glück sagte ich: ‚Jetzt kann ich so viele Apfelsinen essen, bis ich platze!' Bevor der Zauberer antworten konnte, ging meine Mutter dazwischen und entschied mit Bestimmtheit: ‚Nur eine pro Tag! Wir müssen uns die Früchte einteilen.' Sie war die Vernünftige in unserer Familie. Aber damit war sie eben nicht das richtige Publikum für einen Meister des Übersinnlichen, ganz im Gegensatz zu mir. Mein Vater sah das Wunder und das grenzenlose Vertrauen in meinem Blick und er machte sich lieber mit seinem Anhänger gemein: ‚Iss soviel von den magischen Früchten wie du magst, Boy. Erst morgen müssen wir wieder sparsam sein.'"

KEIN PULVER IM FLUSS

Die Sonne legte sich auf das Zeltdach und hörte zu. Počiteljs Rasthaus war ein lauschiger Ort, um jedwedem Garn von Zoff und Zauber Raum zu geben. Für einen Augenblick war es verführerisch, und die gut gelaunte Sonne lockte: Wenn du Karl May in diesem Land suchst, wirst du ihn nicht finden. Er findet dich. Ich saß da mit meinem Turban auf dem Kopf und schlürfte den türkischen Kaffee und nahm eine Auszeit von den schwierigen Verhältnissen. Der Besitzer der neuzeitlichen Karawanserei kam aus der Küche und lachte gutmütig bei meinem Anblick. Emina machte uns bekannt. Ich verstand nur einen Teil, doch dann brauchte sie nicht für mich zu übersetzen. Haso Veledar sprach Deutsch mit bayrischem Anklang. Er hatte während des Bürgerkriegs längere Zeit in München gelebt und dort in der Gastronomie gearbeitet.

Ich lobte die Baklava, und sogleich hatte er eine Antwort parat wie aus dem Bilderbuch: „Die hat meine Mutter selbst gebacken."

Meine Begleiterin Emina servierte ein strahlendes Lächeln als Zugabe. Unter solchen Umständen, fand sie, war nicht alle Lebensart im Land verloren. „Jeder Bosnier", erläuterte sie mir später, als wir hinunter zum Ufer der Neretva gingen, „ist stolz auf seine Mutter. Sie ist das Gesetz in der Familie."

Es war nun Zeit für einen Blick auf die Umgebung.

Wer aus den Regionen nördlich der Alpen stammte und nach Počitelj kam, der zog bei dieser Begegnung ein anderes Bild aus dem Reisegepäck, ob er wollte oder nicht: die Burgen und die wagnerische Landschaft des Rheingrabens. Nur handelte es sich in der Herzegowina nicht um die Nibelungen, ihre Götter und ihre Kämpfe. Sondern ein Erzengel aus Byzanz und ein Dschinn aus dem Morgenland waren es, die dem Fluss Neretva einen Weg durch die Kalkfelsen gegraben haben. Und der Fluss ging nicht in die Nordsee, sondern, klarer Fall, in die Adria als einem Stück vom Mittelmeer. Der Engel hatte sich dann verzogen, weil der Dschinn ihm kräftig auf die Füße trat, und danach haben die Türken das Beste aus Počitelj gemacht.

Die Neretva, das hatte der Dschinn als Zugabe dreingegeben, führte als Wasserfarbe ein augenbetörendes Türkis, was sonst? Emina und ich machten einen kurzen Spaziergang und betrachteten den rinnenden Edelstein.

Diesen tiefen, dem Himmel entgegen leuchtenden Farbton gab es nicht noch einmal in einem europäischen Gewässer. Später sah ich einen alten Stich, auf dem das Halbrund von Počitelj wie ein Amphitheater dargestellt war, eingelassen in eine Wendung des Karstgebirges, über dessen Zinnen, dem Minarett und den Türmen eine prächtige Sonne aufging. An diesem Ort erfüllte sich die Sehnsucht der bosnischen Muslime nach Schönheit. Es war die gleiche Erfüllung wie im Anblick der *Stari most*, der Alten Brücke, die sich ein Stück flussaufwärts in Mostar über die Neretva schwang wie ein auf die Erde gefallener Halbmond. An der Mostarbrücke wie in Počitelj trat die Schönheit auf engem Raum aus dem Traum in die Wirklichkeit.

Es war nun auch Zeit für Eminas Vorkriegsgedicht.

Kein Pulver im Fluss lautete der Titel, den sie zu jugoslawischen Zeiten an diesem Ort vorgetragen hatte. Doch im Gegensatz zur Politik hatte ihre Poesie das Haltbarkeitsdatum nicht überschritten. Es ging darin um die Liebe, worum auch sonst? Um die Liebe war es auch in ihren Sevdah-Liedern gegangen, die sie an der Adria gesungen hatte. Und nun standen wir an diesem Ufer, und der Edelstein des Flusses verwandelte sich in etwas Lebendiges. Wir gaben uns der Phantasie hin, diesem Allerhand im Niemandsland. Jetzt konnte der Betrachter sein Herz an die hinreißende Schönheit der Wasserschlange verlieren, die sich durch das graue Kalkgestein wand.

Das satt leuchtende Türkis ihrer Wasserhaut war keine Schminke, wie der reisende Volksmund es wissen wollte. Emina versicherte dem verzauberten Betrachter vielmehr in ihrem Gedicht, dass alles mit rechten Dingen zugehe. Kein fauler Trick, kein bosnisches Touristenbüro demnach, das am Oberlauf des Flusses heimlich einen Schönheitssalon betrieb und Pulver ins Wasser streute.

Dennoch verführte der Anblick zu dem Trugschluss, dass am Grunde der Neretva Türkise lagen. *Was wünschst du dir?* fragt der Liebende. Und die Schöne antwortet: *Einen Ring mit einem Türkis von der reinen Farbe des Wassers.* Der Liebende entgegnet kühn: *Soll ich von der Mostar-Brücke springen und nach den Türkisen tauchen?*

Bevor aber ein Roman daraus wurde, der in diesem Land nur tragisch enden konnte, machten wir kehrt und stiegen die vielen Treppen hinauf in das alte Počitelj. Im Zentrum des steinernen Halbrunds standen die Hadži Alija-Moschee und eine vielhundertjährige Zypresse. Die Zwingburg lastete exzentrisch auf ihrer Höhe im Norden. Alle Schönheit huldigte dem Glauben an den einen ungeteilten Gott, dessen Willen und Wollen alles entsprang.

In der Gegend von Počitelj, rechts und links vom Neretva-Fluss, ballten sich die spirituellen Kräfte der Herzegowina. Keine Wegstunde entfernt lag der Marien-Wallfahrtsort Međugorje, der Pol kroatischer Volksfrömmigkeit. Die Marienerscheinungen von Međugorje datierten erst aus den achtziger Jahren unserer Gegenwart, und der Aufstieg des Wallfahrtsortes fiel zusammen mit dem Abstieg Jugoslawiens und den folgenden Konflikten.

Das türkische Počitelj war uralt im Vergleich und beinahe wäre es zusammen mit Jugoslawien untergegangen. Hunde streiften bereits durch seine Ruinen, und es schien ganz so, als ob die Fiktion in der Wirklichkeit angekommen wäre. Die Kroaten hatten ihren Job erledigt, und der bestand in der Auslöschung des kulturellen Erbes der anderen. So machten es alle Parteien in diesem unseligen Bürgerkrieg.

„Hier erwies sich auf perverse Weise die Bedeutung der Kultur für eine Gesellschaft", sagte Emina. Der bosnische Serbe Ivo Andrić war einst ein häufiger Gast in dem ehemaligen Künstlerdorf gewesen. Aber für die muslimischen Kämpfer, die es ihren kroatisch-christlichen Gegnern in verbissenen Kämpfen wieder abgenommen hatten, war es vor allem um einen Sehnsuchtsort gegangen.

Noch viele Jahre nach dem Ende des Bürgerkriegs schrieb der Journalist Achim Engelberg in der Berliner Zeitung Freitag über Počitelj: „Heute allerdings bleiben nur unerschütterliche Gewissheiten: die Bewohner sind getötet, die Überlebenden vertrieben, die Gebäude verwüstet, verbrannt, verfallen – nicht das Leben, allein die Erinnerung bleibt übermächtig." Er hatte nicht mit der islamischen Renaissance auf dem Balkan gerechnet. Vor allem hatte er nichts von der Existenz und dem Stehvermögen des Effendi Imam Džemal geahnt. Der Prediger kehrte aus den Bergen zurück, wohin er vor den christlichen Kriegern geflüchtet war.

DER IMAM TANZT BOOGIE WOOGIE

Wir schritten über den sonnenheißen Vorplatz der Moschee, kreuzten den Schatten der Zypresse und standen schon vor dem säulengeschmückten und überdachten Eingangsbereich. Er war mit Teppichen ausgelegt, auf denen die Besucher ihre Schuhe abstreifen konnten, bevor sie sich ins Innere des Gotteshauses begaben.

Rechts und links vom Eingang flankierten Tische mit Souvenirs den Weg der Besucher. Es war eine fromme Palette von Reiseführern, Erbauungsbüchern und gerahmten Acrylbildern bis hin zu Stickereien mit Koransprüchen. Gehütet wurden die Schätze von einer Frau, die aussah wie ein Motiv auf einem der Bilder, die sie verkaufte: dunkler Teint, füllige Figur, grünes Kopftuch.

Schon kam der Effendi Imam Džemal zwischen den

Souvenirständen hervor. „Oh, Emina, Sie sind wieder da! Sie wissen, dass ich die Frauen über alles liebe."

Er sagte das mit einem verhaltenen Lächeln. Die Hände hielt er hinter dem Rücken. Seine Kleidung war eine Mischung aus leger und formell: schwarze Lederweste, weißes Hemd, dazu roter Schlips. Wichtig für sein Amt und Zeichen seines geistlichen Rangs war allein die Kopfbedeckung. Imame in Bosnien tragen einen dunkelroten Fez, der mit einem weißen Tuch umwickelt ist. Die feinen Falten und der Wickelschlag sind millimetergenau gelegt. So war es auch beim Effendi Imam Džemal.

Er hatte in Athen die antiken Philosophen studiert. In Kairo hatte er anschließend ein Theologiestudium an der al-Azhar-Moschee absolviert. Er war ein umfassend gebildeter Mann, der sein Wissen allerdings nicht in westlichen Bahnen erworben hatte. Demzufolge sprach er zwar Griechisch, Türkisch und fließend Arabisch, doch kein Englisch. Bei mir, mit meinem steten Blick nach Westen, war es natürlich umgekehrt. Emina half mir als verlässliche Brücke für unseren Austausch. Wenn Brücken Engelsflügel waren, wie eine alte bosnische Legende besagte, dann breitete sie sozusagen ihre Schwingen für mich aus.

„Ich führe Sie gern", sagte der Effendi. „Wenn Sie Fragen haben, können wir uns auch drinnen auf den Teppich setzen und in aller Ruhe miteinander sprechen."

Das Innere der Moschee war ein einziger großer Raum, mit einer Empore im rückwärtigen Teil, auf der die Frauen beim Gebet ihren Platz hatten. Hoch oben in der *Kibla*, der Moscheewand, die nach Mekka ausgerichtet ist, war ein Koranvers in die Mauer eingelassen. Die Schrift bestand aus dem Mauerdurchbruch und war damit körperlich gar nicht vorhanden, sondern erschien als eine Botschaft aus Licht, die ihre göttliche Natur betonte. Hier fand sich die

Grundlage aller Dekoration: Arabesken, Sätze in arabischer Schrift. Die Kalligraphie wurde zurückgeführt auf ihren Ursprung: die Linie. Schwünge, Kreise, Ranken und Rosetten, körperlose Botschaften, transportiert durch die zweidimensionale Welt der Schrift an der Wand. Die Mauer selber bedeutete dann nichts mehr, dann war sie wesenlos im Anblick. In der Arabeske regierten bloßer Raum und Zeit, Begriffe, die Gott am nächsten kamen.

Ich bat den Effendi um eine Übersetzung. Er sagte: „Auch in der wieder aufgebauten Moschee ist es die gleiche Inschrift, welche die Karawanserei seit 500 Jahren führt. Es ist ein Satz aus der Einleitung des Korans: *Vor Gott sind alle Menschen gleich.*"

Ich sagte: „Das ist ein Satz, den der Reisende gern hört, je weiter er in die Fremde eindringt und je ungleicher er sich unter den Einheimischen vorkommt."

Auch in Bosnien wurde also ein Zitat aus dem Koran auf Arabisch geschrieben, wie überall auf der Welt, so weit die Umma, die Gemeinschaft der Gläubigen, reichte. Anders als die Bibel, war der Koran kein Menschenwerk, sondern unmittelbar von Gott gesprochenes Wort, und der Prophet ist nur Allahs Werkzeug gewesen, um es aufzuschreiben. Dem Westeuropäer in mir musste dieser Unterschied erst bewusst gemacht werden. Einmal hatte ich mich mit Karl-Beg in der Bibliothek des Hamburger Afrika-Asien-Insituts darüber unterhalten, ob Gott wohl Arabisch spricht. Genau genommen müsste der gläubige Moslem diese Frage bejahen, und er tut es auch. Eine Übersetzung des Korans ist deshalb nicht nur eine unendliche Geschichte, wie die griechischen, lateinischen, deutschen, englischen Übersetzungen der Bibel. Sondern eigentlich ist sie gar nicht statthaft, wenn nicht sogar rundheraus ein Frevel.

Bereitwillig ließ der Effendi Imam Džemal sich fotografieren. Auf meine Bitte hin stellte er sich in den Mihrab, die Gebetsnische in der Mitte der Kibla. Mit einer Geste umfasste er den Innenraum. „Wir haben die Narben der Zerstörung und des Wiederaufbaus sichtbar gelassen. Wie finden Sie die Entscheidung? Dekoration kann nicht nur erhellen, sondern auch leicht über etwas hinwegtäuschen."

„Ich finde es auf diese Weise großartig und sehr anrührend."

„Loben Sie nicht zuviel. Alles was zu sehr gelobt wird, bringt am Ende wieder Unglück und Vertreibung: Vom Apfel des Paradieses bis zum Gelobten Land. Aber Sie haben recht, es kann eine schöne Sache sein, auch die hässlichen Stellen der Dinge zu kennen."

In einem Fenster der Moschee stand ein Foto, das auf Karton aufgezogen war. Es zeigte eine Großaufnahme des Goldenen Horns in Istanbul, mit der Blauen Moschee, der Hagia Sophia und dem Topkapi Palast der Sultane. In diese Richtung hatte der Effendi nach Hilfe ausgeschaut, und von hier hatte er sie auch erhalten, eigens für seine Moschee in Počitelj. Die Wiederherstellung des architektonischen Glanzes aus der Türkenzeit übernahmen die Fachleute aus Istanbul als Nachfahren des osmanischen Reiches. Nur durch die fähigen Handwerker und Restaurateure vom Bosporus hatte die Moschee ihre Kuppel und ihr Minarett zurück erhalten. Und wer hatte den Wiederaufbau finanziert?

Die Türkei und der Iran hatten Mittel bereit gestellt. Dann mischte sich noch ein privater Geber ein, ein libyscher Geschäftsmann. Mir war bekannt, dass zahlreiche wirtschaftliche Verbindungen in das nordafrikanische Land existierten. In den langen Jahren, während der Westen den Schurkenstaat des Revolutionsführers Ghaddafi boykottierte, hatten viele Bosnier bei ihren Glaubensbrüdern im libyschen Ölbusiness gearbeitet. Dennoch war ich neugierig. „Wieso engagiert sich ein Libyer ausgerechnet in Počitelj?"

Der Effendi Džemal gab sich verschmitzt, er wusste genau, was er sagte. „Der Mann hat sich hier am Ort verliebt und hat das nie vergessen."

Seine Antwort kam mir in diesem Moment vollkommen logisch vor. Die Liebe war das Leitmotiv, seit ich mit Emina in diesem Land reiste. Ich sagte: „Wenn Sie einen Wunsch frei hätten, Effendi Džemal, was würden Sie uns mit auf den Weg geben?"

Er musste sich nicht lange besinnen. Der Imam wünschte sich für alle Besucher der Hadži Alija-Moschee, dass sie den Frieden in sich haben sollten. „Dann machen sie keinen Krieg."

Das war gut gesagt, doch es war auch ein frommer Wunsch. Bevor wir zur Rückfahrt in unsere Bucht an der Adria aufbrachen, hatte ich noch eine Zusatzfrage an den Imam. „Effendi, was für Musik hören Sie besonders gern?"

Er stutzte und wandte sich direkt an meine Dolmetscherin. „Frau Emina, was soll ich tanzen?"

Wir schauten uns alle drei an und lachten. Emina war um eine Antwort verlegen, für mich ein Novum. Vielleicht war es der besondere Geist des Ortes, der sich wieder einmal Bahn brach. So sang Adela, die blonde Bedienung unten im Han, in ihrer Freizeit in der Medressa, der Koranschule, die Imam Džemal leitete. Und im Sommer wurden mittlerweile wieder Poesieabende und Hochzeiten mit Musik in Počitelj organisiert. Es gab auch noch weitere Anlässe zum Feiern für die Einwohner der Gegend, besonders die Kirschwoche im Juni.

„Soll ich vielleicht für Sie Boogie Woogie tanzen?", half der Effendi Emina aus der Verlegenheit. „Ja, bitte!", sagten wir wie aus einem Mund. Und der Imam tanzte für Emina vor der Moschee den Boogie Woogie. Wahrlich, an ihm war ein Derwisch verloren gegangen.

Wir verabschiedeten uns, und während wir die Treppe zu unserem Auto hinunter gingen, dachte ich an Karl-Beg. Unbedingt musste ich ihm von dieser modernen Inkarnation eines Sufi-Meisters erzählen. Alles andere wäre nicht fair.

Als wir im Wagen saßen und vom Parkplatz auf die Fernstraße in Richtung Adria abbogen schaute ich nach oben zur Moschee. Der Effendi stand, eine einsame Gestalt, vor der niedrigen Mauer, die das sakrale Gelände umgrenzte. Die Zypresse hoch über seinem Kopf warf ihren schützenden Schatten auf ihn. Zwei Überlebende.

Astrid Tadt

Ilidža

Gino Leineweber

Stari most, alte Brücke. Ich sitze auf der Brüstung der Koshi-Mehmed-Pascha-Moschee, blicke hinab auf die türkisfarbene Neretva, die sich träge unter mir vorbeischlängelt und fünfzig Meter weiter auf Stari most trifft, weltberühmte Brücke von Mostar, die ich soeben, im Strome der Touristen, von der kroatischen Seite überquerte. Im Brückenmuseum habe ich die Bilder der sinnlosen Zerstörung der Brücke betrachtet. Als ich am letzten Bild der Bilderfolge anlangte, war das Gefühl, das mich erfüllte, Traurigkeit. Inzwischen ist Stari most in ihrer ursprünglichen Form wieder hergestellt und mit den sie umgebenden Gebäuden von der Unesco als Weltkulturerbe eingetragen.

Ich bin das erste Mal in Bosnien. Bosnien-Herzegowina. Vor ungefähr fünfzehn Jahren, erinnere ich mich, waren die Medien plötzlich voll mit diesem Namen. Damals, als Jugoslawien auseinander fiel.

Jugoslawien kannte ich nur von einer Fahrt auf dem berüchtigten Autoput im Jahre 1981 nach Thessaloniki. Die Fahrt war so fürchterlich, wie von Freunden vorher angekündigt. Slowenien im frühen Morgengrauen, Zagreb, da war der Mittag schon vorüber und abends Beograd. Am nächsten Tag Skoplje und dann endlich Griechenland. Das ist das, woran ich mich noch erinnere. War ich damals durch Bosnien gekommen? Nein, Bosnien hatte ich vorher noch nie gesehen.

Was ich von Jugoslawien noch kannte, war der eigene sozialistische Weg, mit dem sich Tito von der Hegemonie des Warschauer Paktes abhob, und ich hatte Sympathie dafür im Kalten Krieg. Die vereinzelten Presseberichte, wonach Jugoslawien eine fragile Angelegenheit war, und keineswegs befriedet, nahm ich, wie andere Nachrichten aus dem Ausland, hin. Ansonsten kannte ich einige Jugoslawen, die hier in Deutschland lebten.

Das war es, bis zu dem Zeitpunkt, als die einzelnen Glieder der föderalen Republik zurück in ihre Geschichte drängten. Unerbittlich in ihrem Anspruch und gnadenlos denjenigen gegenüber, die gestern noch glaubten, ihre Brüder und Schwestern zu sein, lehrten sie mich eine neue Landkarte des Balkans.

Heute, zehn Jahre nach Ende des Bosnienkriegs, bin ich, mit anderen Künstlern aus Deutschland, hierher gereist. Emina, eine bosnische Kollegin aus Hamburg, hat zu einer Künstlerkolonie eingeladen. Wir Schriftsteller unter den Künstlern haben uns vorgenommen, darüber zu schreiben. Zehn Jahre danach. Thema: Das Fremde in uns.

Fremd, begrifflich das Gegenteil von bekannt, bezeichnet Personen, Dinge, Zustände, zu denen ich mich nicht bekenne, und Fremdes verliert seinen Zustand, wenn ich mich zu ihm bekenne. Das bedeutet, fremd kann ein unbeständiger Zustand sein, bleibt aber, wenn ich es will, beständig. Ob etwas also fremd ist, liegt in meiner eigenen Wahrnehmung und entzieht sich völlig der Anschauung anderer. Insofern meint Das Fremde in mir nicht, was in mir fremd ist, denn das ist gar nichts, sondern was mir fremd vorkommt, was ich als fremd wahrnehme.

So blieb mir, als ich in Mostar im Brückenmuseum die Bilderfolge von der Zerstörung der Brücke betrachtete, dieses Geschehen fremd, wie jede kriegerische Auseinandersetzung und Zerstörung. Ich selbst war glücklicherweise solchem Grauen nie ausgesetzt. Was mich jedoch bestürzte und berührte, war das ohnmächtige Bemühen der Bosnier, ihre Brücke zu schützen. Sie hatten den von den Bergen feuernden Kanonen der Kroaten nichts entgegenzusetzen und versuchten, mit alten Autoreifen, die sie zum Schutz über die Brückengeländer hängten, den Beschuss zu mildern. Mit weißen Fahnen gaben sie zu erkennen, dass die Brücke nicht aus kriegstaktischen Gründen zerstört zu werden bräuchte.

Aber für die Kroaten, die Feinde, gab es andere Gründe. Die architektonische Meisterleistung des osmanischen Architekten Mimar Hajrudin, der die, bis in die Gegenwart, längste Steinbogenbrücke der Welt mit nur einem Bogen zwischen 1556 bis 1566 erbaut hatte, galt als symbolische Brücke zwischen Ost und West, zwischen Christentum und Islam. Nun jedoch, im Bosnienkrieg, dem längsten und blutigsten der vier jugoslawischen Separationskriege, war für völker- oder kulturverbindende Symbolik kein Platz mehr.

Als mein Blick auf die Besucher der Brücke fällt, schießt plötzliches Erkennen wie ein Blitz in meinen Körper. Diese Frau dort oben kenne ich. Und obwohl ich Jasmin seit

Jahren nicht gesehen habe, zweifle ich nicht daran, dass sie es ist. Jasmin mit ihrem schwarzen Haar und dem grell rot geschminkten Mund. Sie schaut auf den Fluss. Schnell erhebe ich mich. Dann aber, ebenso schnell, der Gedanke, ob es klug wäre, jetzt loszugehen. Der Weg zur Brücke führt vom Fluss weg zu der Gasse, deren Häuser den Blick auf die Brücke versperren. Sollte Jasmin, während ich ohne Sichtkontakt zu ihr unterwegs wäre, auf die kroatische Seite gehen, könnte ich sie verlieren. Würde sie sich aber der bosnischen Seite zuwenden, käme sie mir entgegen, und ich würde sie nicht verpassen. Besser, ich wartete, bis ich wüsste, in welche Richtung sie ginge. Auch wenn sie sich von mir entfernte. Ich müsste dann zwar laufen, aber so weit wäre es nicht, ich würde sie sicherlich einholen.

Also bleibe ich erst einmal stehen.

Nur kurz fragte ich mich, ob mir meine Gedanken einen Streich gespielt hatten. Die Gedanken an Jasmin, seit ich wusste, dass ich nach Bosnien reisen würde. Vielleicht hätte sie sich darüber gefreut, dass ich ihre Heimat besuche. Gestern in Sarajevo, ihrer Heimatstadt, hatten mich diese Gedanken erneut beschlichen. Denn aus Sarajevo war sie nach Deutschland geflohen, damals, ziemlich zu Beginn des Krieges. Dass ich seit gestern über ihre Flucht nachdenke und versuche, die Fragmente, die sie mir davon erzählt hatte, zu einem Bild zusammen zu bekommen, lag aber nicht an Sarajevo, sondern an Ilidža, einem Vorort von Sarajevo. Oder besser gesagt, an dem Mann, der auf einer Bank am Ufer der Bosna zufällig neben mir saß.

Sie wollte nicht weg damals. Nein. Sie wollte ihre Familie nicht zurücklassen. Nicht die Mutter und auch nicht die beiden jüngeren Schwestern. Aber es war der letzte Transport, der vom Hauptbahnhof aus Sarajevo herausführte.

Aus der Heimat in die Fremde. Aus dem Krieg in den Frieden. Ihre Mutter hatte ihr die Tasche vor die Tür gestellt und sich geweigert, ihrer Tochter aufzumachen, als diese nach Hause kam. Durch die geschlossene Tür wurde sie aufgefordert, ja, wurde ihr befohlen, zu gehen. Die Mutter erklärte, sie habe alle Papiere ins Deutsche übersetzen lassen, sie zusammen mit dem wenigen Geld, das noch übrig war, und dem Notwendigsten in die Tasche getan. Nein, sie würde unter keinen Umständen öffnen. Ich kann mich noch an Jasmins Worte erinnern, als sie mir das damals erzählte: „Meine Mutter sagte durch die geschlossene Tür, du musst weg.

Ich habe da gesessen, so Stunden, und überlegt. Dann bin ich halt losgegangen. Zum Bahnhof. Es war ein schlimmer Weg, weil die ganze Zeit geschossen wurde. Heckenschützen. Ich musste immer wieder Schutz suchen. Für den Weg, für den die Straßenbahn ungefähr 15 Minuten gebraucht hätte, aber die fuhr nicht mehr, benötigte ich ungefähr drei Stunden. Es war schlimm. Als ich endlich angekommen war, waren da all die Menschen. Viele haben sich geschlagen, wollten in die Busse. Es gab nicht genügend Platz. Ich weiß gar nicht mehr, wie viele Busse da standen, aber es waren zu wenig. All diese Menschen", sie machte eine Pause und starrte vor sich hin, „die haben sich einfach geschlagen. Ganz primitiv. Es war das komplette Chaos. Ich hatte dann ein kleines Kind gesehen mit ihrer hilflosen Mutter und ich dachte, ich müsste dieses Kind und die Mutter in den Bus bringen. Ich weiß nicht warum. Maja hieß das Kind. Ich weiß nicht, was aus ihr geworden ist. Sie war drei Jahre alt. Sie konnte schon laufen, und da habe ich sie an die Hand genommen und habe mich um den Platz in dem Bus geschlagen. Was sollte ich tun? Ich musste einfach mit dem Kind in den Bus. Als die Busse abfuhren, blieben viele weinend zurück. Aber wir waren noch nicht einmal aus Sarajevo heraus, da wurden die Busse in Ilidža von den Serben aufgehalten"

„Und dann", hatte ich gefragt, „wie ging es dann weiter?"

„Nach ungefähr einer Woche konnten wir weiterfahren."

Das war eine der wenigen zusammenhängenden Schilderungen über ihre Flucht und überhaupt über ihre Erlebnisse in den Kriegtagen. Ich spürte, über diese Zeit wollte sie nicht gern reden.

Sie war eine hübsche junge Frau, die ich kennengelernt und die sich in mich verliebt hatte. Ich wollte die Gegenwart mit ihr teilen. Ich hatte durchaus den Wunsch, ihr das Leben so angenehm wie möglich zu machen, doch mein größtes Interesse galt ihrem schönen Körper. Wenn sie also nicht weiter aus ihrer Vergangenheit erzählen wollte, war es mir auch recht: Vielleicht hätten zu viele traurige Erinnerungen den ganzen Abend verdorben.

Ilidža, ein Vorort von Sarajevo, mit den beiden Flüssen Željeznica und Bosna, und den zahlreichen Parks, am Fuß des Bergs Igman, ist an Lieblichkeit kaum zu überbieten. Als ich durch den Ort ging, fror ich erbärmlich, denn ein kalter Wind schob immer wieder Wolken vor die Sonne, und ich war nur sommerlich gekleidet. Doch die Umgebung erwärmte mich allmählich. Es gab heiße Quellen im Untergrund, deren Heilkräfte bereits von den Römern geschätzt wurden. Aus dem Schatten der Bäume im Park begab ich mich zu einer Bank und ließ mich von den gelegentlichen Sonnenstrahlen wärmen. Und allmählich schwanden meine Befürchtungen, mich in Ilidža gründlich zu erkälten.

Auf der Bank saß ein einzelner Mann, den ich auf Mitte Fünfzig schätzte. Er schien kein Tourist zu sein, und schaute, wie ich aus den Augenwinkeln beobachtete, immerfort starr auf den vorüberfließenden Fluss. Ich ahnte, hier sitzt jemand, der das Leid des Krieges in sich trägt. Dessen Spuren waren nicht allein an den zerstörten oder mit Einschüssen übersäten Gebäuden zu erkennen, die mir überall aufgefallen waren, sondern auch in den Gesichtern der Menschen, die hinter dem Ausdruck normaler Geschäftigkeit immer noch abwesend und ratlos schienen. Emina, die aus Bosnien stammende Initiatorin unserer kleinen Künstlerkolonie, hatte mir dazu erklärt, dass die Menschen die Erinnerung in sich verschließen. Die Gesichter bestätigten dies. Der Mann neben mir interessierte mich. Aber mit ihm ins Gespräch zu kommen, ganz abgesehen von wahrscheinlichen sprachlichen Barrieren, konnte ich nicht erwarten.

Aber meine Erwartungen täuschten mich.

Er hatte gesehen, dass ich mir Notizen machte, und hatte mich durch meine Schrift als Deutscher erkannt. Er sprach mich an. Erzählte, dass er auf der anderen Seite des Flusses wohnte, in den Häusern, in denen heute nur Serben leben. Früher war es anders, und früher, Ende der achtziger Jahre, war er in Deutschland, in Wolfsburg, und arbeitete bei VW. Es lag an diesem Mann, dass ich am nächsten Tag, beim Blick auf die neu erbaute Brücke von Mostar, unentwegt an den Horror des Bosnienkrieges denken musste, in dessen Verlauf in Sarajevo und anderen Orten tausende Unschuldiger hingeschlachtet worden waren, aus keinem anderen Grund als dem, dass sie sich von denen unterschieden, die sie töteten.

Nachdem er mir von seinem Aufenthalt in Deutschland erzählt hatte, sagte ich: „Was für ein wunderschöner Ort", und wies auf den Fluss, der aus den Igman-Höhlen hervorquoll, hier schon recht breit vorbeifloss und eine Anzahl von kleinen Inseln umspülte, die durch Brücken miteinander verbunden waren, von denen man das Treiben von Enten und Schwänen beobachten konnte.

„Tja", antwortete er, „eine liebliche Hölle", und ein bitteres Lachen begleitete seine Worte.

Als er damals nach Deutschland gegangen war, hatte er gehofft, seine junge Frau so schnell wie möglich nachkommen zu lassen, aber kaum war er weg, kündigte sich Nachwuchs an. Die Ausreise der Ehefrau war damit vorerst unmöglich. Als die ersten Kriege im früheren Jugoslawien begannen, machten sie sich noch keine allzu großen Sorgen. Seine Frau, Medija, schien in Sarajevo, weit entfernt von Slowenien und Kroatien, sicher zu sein. Das in Deutschland verdiente Geld war in Bosnien ein Vielfaches wert, und man konnte für die kleine Familie alle notwendigen Anschaffungen vornehmen. Schließlich erschien eine Rückkehr des Mannes nach Sarajevo wahrscheinlicher als der Nachzug von Frau und Kind.

Das änderte sich schlagartig im Spätsommer und Herbst 1991. Plötzlich ging es um Bosnien-Herzegowina. Damit war Sarajevo für Frau und Kind nicht mehr sicher, und alle Anstrengungen mussten unternommen werden, in Deutschland ausreichenden Wohnraum zu schaffen, um die kleine Familie zusammenführen zu können. Die Nachrichten wurden immer bedrohlicher. Endlich war der Nachzug genehmigt. Mit einem voll beladenen Auto schaffte der Mann am 3. April 1992 den notwendigsten Hausrat nach Deutschland. Am Abend vorher feierte man Abschied. Für Frau und Kind war am darauffolgenden Sonntag ein Flug gebucht. Medija war zwar traurig, ihre Heimat und ihre Verwandtschaft, die ihr viel bedeuteten, verlassen zu müssen. Andererseits freute sie sich darauf, wieder mit ihrem Mann zusammenleben zu können.

Am Abend des 4. April konnte das kleine Mädchen vor

Aufregung kaum einschlafen, denn am nächsten Morgen würde es das erste Mal mit einem Flugzeug fliegen. Die Mutter auch. Doch in der Nacht, als sie endlich Schlaf gefunden hatten, besetzte die von Serben dominierte Jugoslawische Volksarmee den internationalen Flughafen von Sarajevo. Es war vorbei. Die Aufregungen um den ersten Flug, der Abschiedsschmerz und die Freude darauf, die Familie endlich zu vereinen. Alles vorbei.

Nun wurde etwas wichtig, was vorher niemanden interessiert hatte: Medija und ihr Mann waren in Jugoslawien aufgewachsen, fühlten sich als Jugoslawen. Nun plötzlich waren sie Serbe und Bosnierin. Für den Serben in Deutschland war das nicht bedrohlich, aber für die Bosnierin in Sarajevo ging es plötzlich um Leben und Tod.

Monate später schafften es Mutter und Kind, in Sarajevo einen Platz in einem Buskonvoi zu ergattern, der sie nach Deutschland bringen sollte. Aber schon in Ilidža wurde der Konvoi von den die Stadt belagernden Serben aufgehalten. Die Serben holten sich die Frauen, schlugen, in Hörweite ihrer wimmernden Kinder, mit Sandsäcken auf sie ein, erniedrigten und vergewaltigten sie. Wenn die Soldaten beim Essen saßen, mussten die Frauen singen und nackt auf und ab gehen. Oder sie mussten, mit nichts anderem angetan als Pelzmantel und Perlenkette, den Statussymbolen wohlhabender bosnischer Frauen, vor ihnen paradieren. Mussten, wie bei einer Modenschau, den Pelzmantel immer wieder öffnen um ihre nackten Körper zu zeigen, während die serbischen Soldaten patriotische Lieder grölten. Die Serben bedienten sich von allem, was da war.

Das Martyrium der bosnischen Frauen in Ilidža dauerte ungefähr zehn Tage, in denen sie keinen Kontakt zur Außenwelt hatten, von jeder Information abgeschnitten waren und nicht wussten, was weiter mit ihnen geschehen würde. Ab und an kam es vor, dass westliche Politiker Verhandlungen führten. Dann gab es Vereinbarungen über Waffenstillstände. Irgendwann, wohl auf Intervention westlicher Personen, konnte der Konvoi plötzlich ausreisen. Warum und weshalb wurde nicht gesagt.

Frei, aber allein gelassen mit dem Trauma, das sie durchlitten hatten, kamen die Frau und das Kind in Deutschland an. Die Familie war jetzt zusammen, aber nicht vereint. Wie sollte die Frau ihrem Mann das Geschehene erklären? Würde er verstehen, falls sie überhaupt Worte dafür fände? Dann die Schwangerschaft, und die Frage, wer der Vater sei. Der Widerschein der Hölle von Ilidža loderte bis nach Wolfsburg.

Ende der neunziger Jahre, das Dayton-Abkommen hatte inzwischen zum Waffenstillstand geführt, kehrte erst die Frau mit den Kindern nach Sarajevo zurück, dann der Mann: ein Serbe und eine Bosnierin. Es war besser, der Serbe würde bei den Serben leben, in der Mitte des Ortes, der die Hölle geworden war für Medija und hunderte anderer bosnischer Frauen.

Auf der Fahrt von Sarajevo zur Halbinsel Pelješac, unserem Aufenthaltsort, schrieb ich alles auf. Die Geschichte des Mannes hatte mich tief erschüttert. Hier war jemand, dessen Leben der Bosnienkrieg zerstört hatte, wie die Granaten die Brücke von Mostar. Bisher hatte ich nur aus Zeitungen von Gräueltaten erfahren. Aber nun, plötzlich, verknüpfte ich mehr mit dieser Geschichte. Als wir am nächsten Morgen nach Mostar aufbrachen wusste ich, woran ich erinnert worden war: An Jasmins Schilderung über ihre Flucht. Sie hatte einen Vorort von Sarajevo erwähnt, in dem die Busse angehalten worden waren, und wieder und wieder hörte ich sie wie beiläufig den Satz sagen: „Nach ungefähr einer Woche konnten wir weiterfahren." Was geschah mit Jasmin? Was geschah in dieser schrecklichen Woche? Jetzt fragte ich mich das. Damals hatte es mich nicht interessiert. Ich hatte vielleicht gesagt: „Sei froh, dass du da 'rausgekommen bist", oder etwas ähnliches. Sie hatte genickt, und für mich war das wahrhaftig die einzige Form, mit ihrer Vergangenheit umzugehen. Ich wollte es gar nicht so genau wissen, damals. Sie war dem Krieg entronnen, die schöne Frau, und lebte nun bei mir. In Sicherheit. Aber, warum duschte sie immer im Dunkeln?

Ich saß auf der Balustrade der Koshi-Mehmed-Pascha-Moschee, und meine Augen füllten sich mit Tränen. Als ich den Blick zur Brücke hob, war Jasmin verschwunden.

Ursula Kirchberg

Der dalmatinische Doppelgänger

Uwe Friesel

Dubrovnik ist teuer, inzwischen. Für einen schweißtreibenden Rundgang auf der Stadtmauer zahlt man fünfzig Kuna. Das sind sieben Euro. Ein Teller Spaghetti alla Pescatore kostet elf Euro. Es begann schon mit der Autofähre von Bari nach Dubrovnik: sie kostete mehr als das Doppelte dessen, was der ADAC annonciert hatte. Dann musste ich gleich bei der Ankunft Strafe zahlen, weil mein *D* für Deutschland nur auf dem blauen Europastreifen des Nummernschilds zu lesen war, nicht aber als gesonderte weiße Plakette daneben. „Wir nix EU!", knurrte der Polizist. Und das, obwohl sich die Kroaten längst um die Mitgliedschaft beworben haben. Da könnte doch ein bisschen vorauseilende Freundlichkeit nicht schaden!

Jedoch auf der nahen Halbinsel Pelješac, hatte ich mir bei der Reiseplanung gedacht, fände ich zu dieser Jahreszeit gewiss eine preiswerte Pension und wäre trotzdem praktisch noch in Dubrovnik. Jedenfalls historisch betrachtet. Ich bin Hobby-Historiker. Beruflich bin ich Postbeamter und auch ganz zufrieden damit. Aber eine Art Berufung fühle ich doch.

Historisch betrachtet hängt die Halbinsel Pelješac eng mit Dubrovnik zusammen: Die einst Ragusa genannte Stadtrepublik hatte sie im Jahre 1333 samt den vorgelagerten Inseln gekauft, später auch den zugehörigen Küstensaum auf dem Balkan (die genaueren Kaufumstände muss ich noch 'rausfinden), und schon bald wurde das Salz der Salinen bei Ston dank der stattlichen Schiffsflotte von Ragusa weltweit vermarktet. Das war im Mittelalter. Heute vermarkten die Bewohner der Pelješac ihr Salz lieber selber, gleich vor der Haustür. Fünf Euro für ein Jutesäckchen Salz, mit rotem Schleifchen. Sie sind nicht arm. Man hat jedenfalls nicht dieses peinliche Gefühl, als Gast immer zu wenig Trinkgeld zu geben.

Noch ist Vorsaison, und so habe ich den wunderschönen halbmondförmigen Sandstrand fast für mich allein. Mit nur siebzehn Grad Wassertemperatur hatte ich allerdings nicht gerechnet. Und diese Herberge in Prapratno ist vielleicht etwas renovierungsbedürftig, aber im übrigen ideal gelegen. Vom Schatten meines Balkons blicke ich über die smaragdgrüne Bucht, milchigblau im Dunst des Vormittags die Insel Mljet vor Augen, zu der sich eben links im Bild ein antiquiertes, mit Bussen und Personenwagen vollgestopftes Trajekt in Bewegung setzt. Die Balkone des Hauses sind regelrechte hängende Gärten, gerahmt von Hibiskus, Bougainvillea und seitlich emporragenden Oleanderbäumen. Ganz richtig, Bäume. Die Oleander haben hier Baumgröße.

Ich betaste meine Stirn und meine rechte Wange. Sie sind geschwollen, so dass das Brillengestell anstößt. Schmerzen tun sie auch. Die Haustochter hat mir eine kühlende Salbe gebracht, von der Großmutter aus verschiedenen hier wachsenden Heilpflanzen zusammengemixt. Soll Wunder wirken. Ob das stimmt, muss sich erst erweisen. In einen Spiegel gucken mag ich jedenfalls nicht.

Denn trotz des traumhaften Rundblicks bin ich im Geist noch immer bei meinem gestrigen ersten Besuch in Ragusa. Ja, Ragusa. Nicht Dubrovnik. Denn wie schon gesagt, interessiert mich vor allem die Geschichte. Die römischen Gründungen Epidaurum und Laus. Die gotisch-renaissantische Vereinigung und Vermengung von Insel und Landzunge. Das Eingreifen von Venedig, die vielen Befreiungsversuche im 13. Jahrhundert und das endliche Losreißen aus der Umarmung der herrischen *Serenissima*.

Ragusa, ja. Aber es kam alles anders. Und nun mal der Reihe nach.

Nach fast zwei Stunden Autofahrt über die kurvenreiche Küstenstraße war es mir gelungen, für meinen VW unterhalb der Stadtmauer einen Parkplatz zu ergattern, ich war durch das Südtor gegangen, vorbei an Kirchenmauern und schön ziselierten Heiligen in Halbrelief, und hatte mir durch die Pulks der Touristen einen Weg bis zum Luča-Platz gebahnt. Hier kann man eigentlich gar nicht anders, als am Roland vorbei die Hauptstraße Stradun anzusteuern. Diese hat es in sich. Nicht nur ist sie eigentlich ein zugeschütteter Kanal zwischen Insel und Festland, sondern sie ist auch in Trompe-l'œil-Manier so raffiniert zum Ende hin verengt, während gleichzeitig die Gebäude an beiden Seiten niedriger und niedriger werden, dass man glaubt, sie sei endlos. Dabei ist sie kaum dreihundert Meter lang. Und wie ich so über die Stradun flaniere, noch unschlüssig, wo nun anfangen mit der Besichtigung, ständig mehr oder minder kompakten Touristengruppen ausweichend, denen eine radebrechende Fremdenführerin vorausstapft, und dann noch eine zweite, gar mit einem Mini-Lautsprecher ausgestattet, der ihre dreisprachigen Verwirrsätze auch noch verstärkt, während sie gleichzeitig ein Schild mit einer Zahl in die Luft hält, damit auch niemand aus der numerierten Gefolgschaft den Anschluss verliere – wie ich also noch unentschlossen abwechselnd auf Renaissance- und Barockfassaden und in die Schaufenster tief gestaffelter Schmuck- und Modeboutiquen blicke, leuchtet mir aus der schummrigen Tiefe einer dieser Verkaufshöhlen ein Strohhut entgegen. Er ist grob geflochten, mit ausladender Krempe. Auf den ersten Blick nichts Besonderes.

Doch das Andersartige an ihm, das, was mich überhaupt erst zu seiner Entdeckung befähigt, ist das dalmatinische Hutband: nicht schwarz wie normalerweise, sondern gefleckt wie jene einhundertundein virtuellen Dalmatiner aus dem Disney-Film. Ein gewissermaßen auf den Hund gekommenes, schwarz-weißes Hutband.

Wie jeder weiß, sind Panamahüte in der Regel elegant und teuer. Das schwarze Hutband aus dehnbarem Krepp passt sich der Kopfgröße an. Ein zusammengepresster Panamahut entfaltet sich wieder zu alter Schönheit, sobald er aus dem Koffer befreit wird. Noch stehe ich draußen vor dem Fenster, irritiert von dieser geschmacklosen Variante, indes, die schlanke, hübsche Verkäuferin hat meinen prüfenden Blick bereits bemerkt, ist auf hohen Hacken ins Dunkel geeilt und hat mit sicherem Griff den Hut vom Regal geangelt. Dazu sollte man vielleicht wissen, dass ich noch einen Rest rötlichen Haars auf dem Kopf trage und ebensolche Koteletten, um den Gesamteindruck etwas in Richtung Jugend zu verschieben – Jugendlichkeit ist ja heutzutage sehr wichtig, sogar im Postdienst – dass ich aber knallrot anlaufe wie ein Hummer in kochendem Wasser, sobald mich die ersten Sonnenstrahlen treffen. Das ist auch der Grund, warum ich zwar immer schon Altertumskunde betrieben habe, aber nie Archäologie, schon gar nicht in sonnendurchglühten Wüstengebieten wie etwa dem Irak, obwohl es gerade dort am ergiebigsten wäre. Sein könnte. Sein sollte. Doch die Umstände sind nicht danach, derzeit.

„Was kostet denn dieser Hut?", frage ich.

„Fünfundachtzig Kuna", sagt sie.

„Aber der daneben kostet doch nur fünfundsiebzig!", sage ich.

„Der hat ja auch kein dalmatinisches Hutband!", erwidert sie. Und dann, den Hut vor ihren Busen haltend, tritt sie sehr dicht an mich heran und fügt mit leiser Stimme hinzu: „Dieses Modell gibt es in ganz Dubrovnik nur ein einziges Mal!"

Und tatsächlich, aus solcher Nähe sieht der Hut gar nicht mehr geschmacklos, sondern geradezu verführerisch aus. So zahle ich anstandslos und habe, kaum zurück in der Hitze der Hauptstraße, das einmalige Exemplar auch schon auf dem Kopf. Neben mir laufen Menschen mit ebenfalls luftiger Kopfbedeckung, die bei meinem Anblick lächeln, – ein verstehendes, beifälliges Lächeln, sozusagen in Anerkenntnis meiner Wahl.

Zufrieden mit meinem Kauf gehe ich zurück zu Luča-Platz, wende mich nach rechts und betrete die Eingangsloggia des Rektorenpalastes. Am Fuße der berühmten Säule mit dem Reliefhalbkapitel, das es in dieser Form sonst nirgends gibt und das ich nur von Abbildungen kannte, sonnt sich eine honigfarbene Katze. Vorsichtig steige ich über sie hinweg und gehe durch die gotische Tür hinein. Im Schatten des Innenhofes ist es deutlich kühler. Ich überlege, ob ich den Hut jetzt absetze. Doch da hat ihn schon die Ticketverkäuferin bemerkt und lächelt mich an.

„A nice hat!", sagt sie. „Suits you well."

„Sehe ich damit englisch aus? Oder amerikanisch?", frage ich, zurück lächelnd.

„No, not at all. Why do you think that?"

„Weil Sie mich auf Englisch ansprechen."

„Ach, das tun wir doch automatisch! Wegen der Kreuzfahrtschiffe, wissen Sie? Die sind voller Amerikaner und Engländer und Japaner."

Automatisch? Dieses epidemische Idiom? Nicht genug, dass die Computer der Welt damit verseucht sind, obwohl die meisten aus Asien stammen, nein, nun verwenden es auch schon Museumsdiener in Ragusa wie selbstverständlich. Dabei ist der Mittelmeerraum als Ganzes das Gegenteil von angelsächsisch, abgesehen von einer belanglosen Kolonialzeit im neunzehnten und zwanzigstens Jahrhundert. Denn dieses Ganze: die Antike, das heilige römische Reich deutscher Nationen, die Epoche der Türken, Araber, Saraszenen, die Renaissance und die große Zeit Florenz', Sienas, Venetiens, und später Genuas, dieses Kunst und Zivilisation gebärende mediterrane Jahrtausend, das obendrein in Siena auch das Bankwesen begründet hat – und das ist doch in Wahrheit der Beginn der Globalisierung! – dieses großartige Ganze hat in Wahrheit mit Amerika nicht das Geringste zu tun. Reisen Sie doch mal in die USA und betrachten Sie all die nachgebauten Tempel, Kathedralen, Burgen und Schlösser. Diese Neugotik. Diese Tiffany-Fassaden. Nichts davon haben die Yankees doch selbst hervorgebracht!

„Kostet 65 Kuna, Sir."

Ich denke, ich höre nicht recht. Mehr als neun Euro für einen Museumsbesuch?

„Wie viel, sagen Sie?"

„65 Kuna. Im Preis enthalten ist ein digitaler akustischer Führer in dreiundzwanzig Sprachen. Klicken Sie die Nummer des jeweiligen Raumes, so wird Ihnen alles in Ihrer Muttersprache erklärt. Sie können sich natürlich auch einer Gruppenführung auf Englisch anschließen, wenn Sie wünschen. Der Rundgang beginnt an der großen Treppe."

Sie nickt zum Atrium hinüber. Ich werfe einen Blick auf die illustre Treppe, die sich an den Wänden des Binnenhofs bis zur säulengerahmten Empore emporschwingt und jetzt im vollen Sonnenlicht liegt. Am unteren Ende des Handlaufs ist ein Schild mit der Nummer 1 befestigt, und eine Traube asiatischer Besucher hält sich schwarze Hörer ans Ohr, aus denen so lautes Englisch quillt, dass es mich auch noch aus zehn Metern Abstand ganz ohne Hörmuschel erreicht. Nur ergibt es natürlich überhaupt keinen Sinn, denn die Chinesen oder Koreaner oder Japaner haben ihre Geräte allesamt zu verschiedenen Zeitpunkten eingeschaltet, und das Ergebnis ist eine wilde Kakophonie aus angelsächsischen Urlauten. Es fragt sich wirklich, warum sie nicht jeder und jede ihres Weges gehen und die entsprechende Nummer drücken, wenn sie sich etwas erklären lassen wollen. Statt dessen bleiben sie dicht beieinander, lächeln sich zu und fotografieren sich. Dafür haben sie eine Extra-Gebühr von dreißig Kuna bezahlt.

Als mein Blick wieder die Treppe empor wandert und auf die herrlich leichten Säulen des oberen Umgangs trifft, meine ich, eine Gestalt in den Schatten zurückweichen zu sehen, die einen Hut trägt. Eine männliche Gestalt mit einem Strohhut. Oder Panamahut. Jedenfalls ein Hut mit einem Hutband. Und dieses Hutband ist, wenn mich das grelle Mittagslicht dort oben nicht täuscht und die Dämmerung hinter der Kolonnade nicht irreführt, schwarz-weiß geschneckt.

Mein erster Reflex ist, laut zu fluchen. Das verbietet sich aber von selbst angesichts einer so geschichtsträchtigen Umgebung, wo über Jahrhunderte hinweg Großer und Kleiner Rat und Senat feierlich getagt und über die Beziehungen der Stadt zur gesamten zivilisierten Welt entschieden haben. Verstohlen greife ich an meine Stirn und finde den Hut an seinem Platz. Er hat mich also nicht beklaut, der Kerl von der Balustrade. Er imitiert mich nur. Trug er nicht auch eine khakifarbene Hose und ein weißes Hemd, wie ich? Wer, zum Teufel, macht sich einen Spaß daraus, mich nachzuahmen, ausgerechnet hier, im ehrwürdigen Rektorenpalast von Ragusa?

Oder hatte etwa jene äußerst ansehnliche junge Dame, die mir das Unikum, nein, Unikat, verkaufte, geflunkert, und es war gar keins? Wie, wenn ich aus der Kolonnade dieses herrlichen Bauwerks hervorträte, und von allen Seiten stürzten mir Dalmatinerhunde, pardon, -hüte entgegen?

Inzwischen war es sogar im gotischen Gewölbeumgang sehr warm. Der Schweiß lief mir in Rinnsalen in den Kragen. Doch ich war entschlossen, der Sache auf den Grund zu gehen. Ich musste diesen Kerl zur Rede stellen, ehe er mit seiner angemaßten Kopfbedeckung aus dem Gebäude entweiche. Eben hatte eine englischsprachige Führung begonnen, die sich zunächst raupenartig in die unteren Räumlichkeiten schob, hinein in den Kerker und wieder heraus, dann in die verschlungenen Keller der Waffenkammer. Die Asiaten posierten noch immer auf der Freitreppe für ihre Familienfotos. Wenn ich jedoch den Aufgang für Lieferanten und Lakaien benutzen würde, eine verdeckte Treppe hinter der Wand gegenüber, könnte er mir eigentlich nicht entkommen: Denn einen dritten Abgang, das wusste ich genau, gab es nicht.

Manchmal ist die Lektüre von historischen Fachbüchern eben doch nützlich. Zumindest von Reiseführern, obgleich meine Frau da ganz anderer Meinung ist. Aber wir reisen ja auch getrennt, will sagen, wir besuchen denselben Ort nicht zur selben Zeit und kommen deshalb mit ganz anderen Mitbringseln heim. Mitten im hastigen Aufstieg auf der Bedienstetentreppe tastete ich noch mal: ja, der Hut war noch da.

Die Ausstellungssäle im zweiten Stock gehen ineinander über. Man kann sie sowohl einzeln von der Empore aus als auch durch ganze Fluchten von Flügeltüren im Innern betreten. Dieser Umstand erschwerte nun beträchtlich die Jagd nach dem Hut-Plagiator, konnte er sich doch in einer Art Mäander fortbewegen und immer mal wieder in gegenläufigen Reisegruppen untertauchen, während ich den direkten Weg durch die Säle wählte, um möglichst rasch wieder an der Treppe zu sein.

In einem Saal mit Sänften aus zwei Jahrhunderten, steilen, mit Samt ausgeschlagenen ein- und zweisitzigen Gehäusen, die einst von Trägern an Stangen durch die engen Gassen Ragusas geschultert wurden und worin adelige Damen trockenen Fußes zum Theater oder zur Kirche gelangten, ebenso Senatoren und Ratsmitglieder, meinte ich, die Tür einer Sänfte zuklappen zu hören. Und richtig, bei einem besonders schönen, grün, schwarz und gold lackiertem Exemplar, vor dem eben wieder chinesische Gruppenfotos gemacht wurden, stand die Tür zur Straßenseite offen. Indes, von dem dalmatinischen Flüchtling nicht die Spur. Ich unterdrückte den Impuls, auf meinen Kopf zu zeigen und die Chinesen zu fragen, ob sie nicht gerade solch einen Hut gesehen, vielleicht sogar fotografiert hätten, eilte hinaus zur Kolonnade, lehnte mich über die Brüstung: nichts. Die große Freitreppe war leer. Über den Binnenhof zuckelte eine Taube. Von links wälzte sich raupenartig die englische Führung heran und drängte mich zur Treppe ab. Ich taumelte zurück ins Erdgeschoss. Niemand zu sehen, außer der jungen Dame an der Kasse. Sie lächelte mich wieder an. Ein zweiter Dalmatinerhut? Nicht, dass sie wüsste. Allerdings sei sie zwischendurch auf der Toilette gewesen.

Ich hätte mir jetzt ein Mineralwasser genehmigen sollen oder zumindest einen Espresso. Doch als ich wieder beim Roland vorbeikam, war mir, als sähe ich am anderen, perspektivisch zulaufenden Ende der Stragun deutlich ein schwarz-weiß geschecktes Etwas verschwinden, entweder in ein Portal oder in eine der rechter Hand steil empor strebenden Gassen, die sich an ihrem oberen Ende in Treppen verwandeln, so eng, dass man die Häuser zu beiden Seiten der Stufen gleichzeitig berühren kann. Wie in Neapel hängt Wäsche von einer Straßenseite zur anderen. Auf Balkonen und Simsen stehen Blumentöpfe und verstellen die Aussicht. Unmöglich, in diesen schattigen Schluchten einen fliehenden Dalmatinerhut zu orten!

Inzwischen hatte der Schuft einen fast uneinholbaren Vorsprung. Es sei denn, er hatte den Fehler gemacht, sich in die Franziskanerkirche zu flüchten. Da wäre er gefangen. Die Kirche hält nämlich für gewöhnlich nur eine Tür geöffnet, die berühmte gotische Pforte, weil bei den Besichtigungen zu viele alte Gesangsbücher und sogar Phiolen und Destillierkolben aus der mittelalterlichen Apotheke verschwanden. Apotheke und Bibliothek sind meist verschlossen und werden nur noch bei speziellen Führungen gezeigt. Auch der sagenhafte romanische Kreuzgang des anschließenden Klosters ist nicht mehr gesondert zugänglich, weil eine offene Tür im oberen Bereich nur die Begehrlichkeit gewisser Touristen angestachelt hätte. Nach entsprechender Lektüre weiß man das.

Atemlos – und, ich gebe es zu, auch achtlos – eilte ich unter dem einzigartigen Pieta-Portikus hindurch ins Innere der Franziskanerkirche, spürte aber sofort, sie war mittäglich leer. Befremdlich, dass die Aufsichtsperson am Eingang eine junge Nonne war, die, wie mir schien, unverhohlen meinem Strohhut betrachtete. Doch das mochte auch Einbildung sein, hervorgerufen von dem besonders kleidsamen Schwarzweiß ihrer Ordenstracht, das ihre schlanke Figur eher akzentuierte denn verhüllte. Einen Momentlang fragte ich mich, merkwürdig vielleicht unter diesen Umständen, ob sie wohl auch hochhackige Schuhe trüge und sich emporrecken würde, um den zweiten, den angemaßten Hut zu angeln, käme er plötzlich auf der Kanzel oder der Empore zum Vorschein.

Mit einer entschlossenen Bewegung wischte ich diese Vision beiseite und trat auf der anderen Seite des Kirchenschiffes hinaus in die umfriedete Stille des Klostergartens mit seinem zierlichen, doppelsäuligen Kreuzgang. Was ist nicht alles schon über dieses Wunder an meditativer Gartenarchitektur geschrieben worden, wie viele große Geister haben hier nicht schon weltverändernde Formeln für Handel und Bankwirtschaft, Ebbe und Flut, Gift und Gegengift entwickelt. Unvorstellbar, dass sich hier, in diesem Hort der Humanitas, ein feiger Hut-Imitator versteckt halten sollte!

Und doch, mir war, als bewegte sich etwas zwischen jenen flankierenden Stechpalmen und den schlanken gotischen Bögen des hinteren Kreuzgangs. Wich nicht gerade ein Schatten hinter die gotische Brunnenschale zurück, deren Wasserschleier das Ende der mittleren Gartenallee dunkel benetzten und zugleich in prismatischen Regenbögen aufblitzen ließen? Vernahm ich nicht ein Klirren und dann ein Stöhnen?

Hinter mir fiel die Tür zum Kirchenschiff ins Schloss. Ich achtete nicht weiter darauf, sondern lief so rasch ich konnte ins Dunkel des seitlichen Kreuzgangs. Er schien auf wunderbare Weise verlängert, doppelt so lang wie die Gartenallee, und während ich mich noch verwundert fragte, ob wohl der Gang auf der Gegenseite genau so aussähe, was die Kürze der mittleren Allee zu einem Mysterium gemacht hätte, erblickte ich ihn am fernsten Ende meiner Kolonnade: den Schurken mit dem Imitat, dem Plagiat, dem Dublikat meines Dalmatinerhuts auf dem Kopf. Wir starrten uns an, unfähig zu irgendeiner Bewegung. Die stumme Konfrontation ließ keinen Zweifel, trotz des Abstands. Er war es.

Dann plötzlich sah ich, dass hinter dem Kerl wie eine Erscheinung die schwarzweiße Gestalt der Nonne sichtbar wurde. Sie wedelte mit beiden langen Ärmeln. Wollte sie ihn überlisten, ihm den Hut entreißen? Wie, wenn er es merkte, sich plötzlich umdrehte, sie brutal zu Boden warf und in den Tiefen des Kreuzgangs verschwand, samt Hut? Außer mir vor Abscheu lief ich mit erhobenen Fäusten und laut schreiend auf den Kerl zu, der sich augenblicks in meine Richtung in Bewegung setzte, gleichfalls kreischend und die Fäuste schwingend. Mit sozusagen doppelter Geschwindigkeit liefen wir aufeinander los, waren auch schon so nahe, dass mir die perfide Ähnlichkeit des Huts und des gesamten Kerls nicht mehr verborgen bleiben konnte, und dann schlug ich mit aller Wucht zu.

Ich betaste mein Gesicht. Seit man Verbände und Pflaster von den Schnittwunden gelöst hat, sind dank der kühlenden Auflagen und Natursalben, die die freundliche Haustochter alle paar Stunden erneuert, die Schwellungen schon fühlbar zurückgegangen.

Wie kann man nur, hatte der kroatische Sanitäter während des Transports verwundert gefragt – und zwar in einem sehr schlechten Englisch, dessen Sinn ich aber immerhin, wenn auch bruchstückhaft, in meinem klirrenden Kopf schließlich zusammenbekam – in einen so großen Barockspiegel hineinlaufen? Und dann noch, laut der frommen Schwester, die für den Notruf verantwortlich war, offenbar mit voller Absicht?

Ich röchelte und schwieg. Was darauf erwidern? Wie die Agonie erklären, die es bedeutet, seinem eigenen Doppelgänger zu begegnen, nur um feststellen zu müssen, man war es selber? Außerdem sah ich die ganze Fahrt über im Geiste die Parkgebühren für meinen VW bis an die Zinnen der Stadtmauer emporwachsen. Die Rückführung eines geparkten VW fiele nicht unter die Leistungen meines Schutzbriefes.

Schließlich der Hut. Der eine. Einzige. Sie haben ihn bei der Rettungsaktion verschlampt, ihn irgendwo in den Tiefen des Kreuzgangs zurückgelassen. Oder womöglich wieder in die Boutique auf der Straguna befördert, um ihn erneut einem arglosen Touristen zu verkaufen? Ich habe nicht viele Vorurteile. Doch einer Nonne, die sogar noch in der strengen Tracht ihres Ordens so aussieht wie eine hochhackige Verkäuferin, ist alles zuzutrauen.

Vielleicht sollte man als Postbeamter und Hobbyhistoriker gar keinen Dalmatinerhut besitzen.

Astrid Tadt

Ein ferner Traum

Janka Weber

JUNI 2007

Die Maschine sank und setzte zur Landung an. Anna hatte den Flug genossen, das schöne Wetter und die klare Sicht auf die Adria und die kroatische Inselwelt. Am Nachmittag würde sie in Dubrovnik den Manager der deutschen Hotelkette Isis treffen und mit ihm Badezimmerausstattungen für immerhin sieben Projekte an der kroatischen Küste verhandeln. Kein kleiner Auftrag. Doch Anna war sich fast sicher, das Geschäft noch am selben Tag abschließen zu können, und wollte sich im Anschluss ein paar Tage Urlaub gönnen. Erst die Arbeit, dann das Vergnügen.

Also ein Taxi zum Hotel.

Sie stand vor dem Spiegel und zog sich die Lippen nach. Sie trug ein schmal geschnittenes helles Kostüm. Die hohen, sündhaft teuren rotbraunen Schuhe ließen sie noch größer erscheinen, als sie ohnehin schon war. Sie wusste, dass sie gut aussah mit ihren fünfzig Jahren. Sie hatte sich an ihre Erfolge gewöhnt.

Morgen würde sie sich ein Auto mieten und sich treiben lassen.

Vor fast dreißig Jahren war sie schon einmal hier gewesen. Sie musste lachen, wenn sie an das verkiffte Hippiemädchen dachte, das sie damals gewesen war. Und Reno...

Damals wollten sie raus aus der spießigen Enge ihrer Elternhäuser. Dem Was-denken-die-Nachbarn? entfliehen. Dem Gezeter über zu lange Haare, falsche Klamotten und ihre Musik. Sie wollten ihre Liebe leben.

Also kauften sie, nachdem Reno seine Schreinerlehre beendet hatte, einen alten Acht-Meter-Bauwagen und einen Unimog 401, Baujahr '58, 32 kmh. Der Bauwagen bekam neue Fenster und neuen Fußboden sowie einen Herd, der mit Holz zu beheizen war. Die Wände wurden isoliert und mit Holz verkleidet. Und los ging's, mit ihren beiden Hunden, Richtung Jugoslawien – im Ohr noch den Satz Ihr habt doch nicht alle Tassen im Schrank!

MÄRZ 1979

Gleich hinter Novi Sad wartete das erste Gebirge auf sie. Bei zwölf bis fünfzehn Prozent Steigung kroch der Unimog im Schritttempo den Berg hinan, bis es plötzlich nicht mehr weiterging. Die Hinterräder drehten durch. Anna und Reno ahnten Böses und stiegen aus. Es hatte sich ohnehin schon ein längerer Stau hinter ihnen gebildet, der jetzt mit ihnen stehen bleiben musste. Die meisten LKWs waren tschechische Tatras, die sichtbar ein langes Leben hinter sich hatten. Zwei Fahrer stiegen aus. Mit großem Palaver, Händen und Füßen besprachen sie den Schaden.

Es stellte sich heraus, dass Öl auf der Straße die Hinterreifen hatte durchdrehen lassen, was mit einer Schaufel Sand zu beheben war.

Doch das Ganze hatte seine Zeit gedauert. Der Stau wurde länger und länger. Immer mehr Fahrer nahmen Anteil, und irgendwann kam mit Blaulicht und Sirene die Polizei. Zwei Beamte in Uniform stiegen aus einem alten Lada. Mit großer Autorität prüften sie alle Papiere und deuteten streng auf den Unimog: Mit so etwas dürfen Sie hier nicht fahren! Sie wiesen den Berg hinauf. Anna und Reno sollten ihnen folgen. Die beiden stiegen wieder ein und krochen langsam hinter dem Polizeiauto her, das sie mit Blaulicht eskortierte, bis hinauf auf die bewaldete Passhöhe zu einem für diese einsame Gegend ungewöhnlich großen asphaltierten Platz. Es war kalt hier oben. Sie freuten sich: wenn die Polizisten erst mal weg wären, könnten sie hier Holz in Hülle und Fülle sammeln. Die Pritsche des Unimog war so gut wie leer, doch am Abend war es das Schönste, im Herd Feuer zu machen. Sie stiegen aus, die beiden Polizisten auch. Sie sahen gar nicht mehr so streng aus, eher neugierig und wollten jetzt den Bauwagen inspizieren. Also hängte Reno ab und stellte die Treppe an, die während der Fahrt hinten am Wagen hing. Während er noch mit den beiden sprach, machte Anna Feuer und setzte Kaffee auf. Die Polizisten hatten aus irgendeinem Winkel ihres Autos einen Korb Walnüsse gezaubert. Bald saßen sie alle im Bauwagen um den Tisch herum, knackten Nüsse, tranken Kaffee und redeten mit Händen und Füßen.

JUNI 2007

Tags darauf fuhr Anna mit dem gemieteten Auto in Richtung Mostar. Sie fuhr gemächlich, nach links und rechts blickend, die vorbeiziehende Landschaft in sich aufnehmend. An vielen Stellen wurde die Straße neu asphaltiert. Überhaupt sah vieles anders aus als Ende der Siebziger. Aber auch sie selbst hatte sich ja verändert. In den Neunzigern war sie mit dem Stricken der Karriere beschäftigt gewesen, die ihr jetzt so viele Früchte einbrachte: zu sehr, um sich mit dem Bürgerkrieg abzugeben, der hier getobt hatte. Sie hatte nie richtig begriffen, wer da gegen wen kämpfte und von wem und warum niedergemetzelt wurde. Die grausigen Fernsehbilder, die die Menschheit seit Jahren zu Zuschauern von Kriegen machten, gingen an ihr vorbei, ohne dass sie sie zuordnen konnte und wollte.

Sieht doch gut aus hier in Kroatien! dachte sie. Der Westen hat mit Lidl und Obi Einzug gehalten. Und gestern habe ich den Badezimmer-Auftrag bekommen, gleich für sieben Hotels. Isis ist zwar eine deutsche Kette, aber die Manager und Angestellten der Hotels sind alle Kroaten. Globalisierung eben. Funktioniert doch!

Unerwartet kam die Grenzstation nach Bosnien, und schlagartig änderte sich das Bild. An der Straße entlang der Neretva standen immer häufiger Häuser mit Einschusslöchern, fensterlose Ruinen und Friedhöfe mit unzähligen gleichen schwarzen Kreuzen. Einige Häuser waren sorgfältig renoviert, andere wie absichtlich dem Verfall preisgegeben. Und immer öfter tauchten Minarette und Kuppeln von Moscheen auf.

Auch die Reklame änderte sich. War dies überhaupt Reklame? Auf übergroßen Plakatwänden war eine Frau mit weit aufgerissenen Augen zu sehen, der eine männliche Hand den Mund zu hielt. Die Schrift konnte sie nicht lesen – wahrscheinlich Bosnisch. Ein anderes zeigte einen Waschbeckenabfluss, durch den eine dunkle Flüssigkeit rann. Wieder konnte sie den Text nicht interpretieren.

Rechts an der Strasse tauchte jetzt ein Dorf auf. Es lag am Hang und wirkte gut restauriert. Anna hielt auf dem Parkplatz unten am Eingang des Dorfes und stieg aus. Auf einem Schild las sie, sie war in Pocitelli, einem Künstlerdorf, das mit UNESCO-Mitteln wieder aufgebaut worden war. Kinder in ziemlich abgerissener Kleidung verkauften Obst, das sie in kleinen offenen Tüten in Körbe drapiert hatten: Aprikosen, Feigen, Weintrauben, Datteln, für einen Euro die Tüte. Anna kaufte einem Jungen zwei Tüten mit schön frisch aussehenden Aprikosen und Feigen ab und schlenderte durch den Ort. Die Wege waren mit Natursteinen gepflastert. Eine Steintreppe führte hinauf zur Moschee und weiter zur Burg. Im Hof der Koranschule waren die Steine zu farbigen Ornamenten gelegt. Überall blühten Oleander und Bougainvilleen in ihren prächtigen rosa- und violetfarbenen Gewändern. Von dem Platz vor der Moschee hatte sie einen weiten Blick über das Tal der Neretva. Am Eingang saß eine in Tücher gehüllte Muslimin und bot allerlei Broschüren und Postkarten an. Daneben, auf einem erhöhten Plateau, waren Trümmer ausgestellt: alles, was nach dem Krieg von der Moschee noch übrig geblieben war.

MÄRZ 1979

Anna hatte es sich mit einem Buch auf dem Bett gemütlich gemacht, Reno saß am Tisch und fädelte einen neuen Docht in die Petroleumlampe. Bevor sie sich verabschiedeten, hatten die beiden Polizisten ihnen noch die „staatliche Erlaubnis" gegeben, soviel Holz zu sammeln wie sie wollten, und bald darauf war die Unimog-Pritsche bis zum Anschlag mit Eichen und Buchenholz voll gestapelt. Ein beruhigendes Gefühl.

Plötzlich näherten sich Motorengeräusche. Reno sah aus dem Fenster: Acht Zastava-Kombibusse in den Farben der jugoslawischen Polizei fuhren hintereinander in seltsamen Kurven über den Platz, um dann in schräger Formation nebeneinander stehen zu bleiben.

„Anna, schau mal, da kommen unsere beiden Freunde wieder. Mit Verstärkung."

Aus jedem der Wagen stiegen zwei Männer in schmucken Uniformen und näherten sich neugierig dem seltsamen Gefährt. Ja, sie wollten es ebenfalls besichtigen.

Da unmöglich sechzehn Menschen auf einmal in einem Acht-Meter-Bauwagen Platz hatten, bekamen sie in kleinen Gruppen eine Führung.

Nachdem sie ausgiebig den Bauwagen und den Unimog inspiziert hatten, kramten Anna und Reno alle Sitzgelegenheiten hervor, die sie dabei hatten – nicht genug für alle, einige mussten auf der Treppe sitzen. Die Verstärkung hatte noch mehr Walnüsse mitgebracht. Und *šljivo*. So wurde es richtig gemütlich. Zwei konnten ganz gut Deutsch. Sie hatten früher in der DDR als Gastarbeiter gearbeitet und waren stolz, alles übersetzen zu können. So erfuhren Anna und Reno, dass sie die Polizeifahrschule aus Novi Sad zu Besuch hatten und auf deren Übungsgelände rasteten. Von den beiden Kollegen vom Nachmittag waren sie als besondere Attraktion nach Feierabend angekündigt worden.

JUNI 2007

Die Straße ins Zentrum von Mostar war gesäumt von zerschossenen, ausgebombten Häusern. Manchmal waren große Löcher in der Außenwand notdürftig mit Brettern vernagelt. Die Menschen bewegten sich schnell und geduckt, ohne jede Muße. Auf einem Berg hoch über der

Stadt sah sie ein riesiges weißes Kreuz. Unten aus dem Tal ragte ihm ein überhoher hässlicher Kirchturm entgegen.

Anna erinnerte sich, wie sie 1979 nach Mostar gekommen waren. Die kleine Hündin war krank geworden und lag ganz schwach mit heißer Schnauze in ihrem Korb. Sie hatten ihr Gefährt am Stadtrand geparkt und sich mit dem Hund auf dem Arm auf die Suche nach einem Tierarzt gemacht. Wie schon in Sarajevo sahen sie auch hier, in kleinen zur Strasse geöffneten Geschäften, die Barbiere, die mit Rasiermessern den Männern die eingeschäumten Bärte stutzten. Die Barbiere hatten immer ein offenes Ohr zur Strasse, und so fragten sie einen nach einem Veterinär. Sie wurden in einem Hinterhof eines der vielen kleinen Cafés gewiesen, in denen man Mocca oder starken süßen Tee aus kleinen Gläsern trank. Damals bestimmten vor allem Männer das Straßenbild, die sich beim Rasieren und Moccatrinken über die letzten Neuigkeiten austauschten.

Davon war jetzt nichts zu spüren. Die Menschen, vor allem die Frauen, hasteten vorüber ohne aufzuschauen, in Tücher gehüllt, wie um möglichst unauffällig Notwendiges zu erledigen. Nur die jungen Mädchen verhielten sich anders. Sie trugen Jeans und lachten sich zu, wenn ein Junge vorbei kam.

Anna fand einen bewachten Parkplatz. Als sie die Tür des klimatisierten Autos öffnete, schlug ihr unbeschreibliche Hitze entgegen. An dem kleinen Parkhäuschen sah sie ein Thermometer: Es waren neununddreißig Grad im Schatten. Zu Fuß ging sie jetzt weiter Richtung Innenstadt. Eine schmale Gasse führte auf den Basar. Hier waren die Häuser plötzlich hervorragend restauriert. Die Auslagen der Geschäfte bestanden aus buntem orientalischen Mix, mit Seidentüchern, Wasserpfeifen, Moccageschirr, Kupfer glänzenden Töpfen, aber auch dem ganzen touristischen

Schnickschnack und Tand, wie zu Pfeffermühlen umfunktionierte Patronenhülsen oder Miniaturexemplare der Brücke von Mostar aus Plastik mit bunten Glitzerlämpchen. Ein Strom von Touristen wälzte sich vor und neben ihr durch die Gasse. Die Cafés und Restaurants waren voll besetzt und verströmten ihren Geruch von Mocca und Essen.

Anna war verstört. Der Kontrast zwischen den mühsam geflickten Ruinen der Wohnstadt mit ihren nervösen Einwohnern und dem prächtig herausgeputzten Basar mit den vielen Touristen irritierte sie. Immer mehr Erinnerungen an früher schoben sich ins Bild. Sie ging durch die Gasse wie im Traum und dann, hinter der nächsten Biegung, sah sie sie: die Brücke. Sehr glatt und weiß wölbte sie sich über die grünblaue Neretva. Nichts verriet mehr ihre völlige Zerstörung. In der Erinnerung sah Anna eine andere Brücke. Grau, wie aus dem felszerklüfteten Ufer hervor gewachsen, und zugleich unbegreiflich elegant verband ihr kühner Bogen die beiden Teile der Stadt. Doch diese hier? Trotz aller Sorgfalt, die darauf verwendet worden war, sie möglichst getreu nachzubauen, kam sie ihr wie eine Theaterkulisse vor – aufgesetzt auf die zerschossene Stadt. Inzwischen setzte Anna die Hitze derart zu, dass sie ihre Umgebung nur noch verschwommen wahrnahm. In ihrem Kopf begann es zu pochen, und sie sank auf einen Mauervorsprung, ohne zu merken, dass sie in der prallen Sonne saß.

Plötzlich fühlte sie kaltes Wasser über ihr Gesicht laufen, und wie von ferne schimpfte eine Stimme: „Aufstehen, los, aufstehen!" Die Besitzerin der Stimme zerrte Anna am Arm hinter sich her durch einen winzigen Laden hinter einen Teppich, der den kühlen dunklen Raum dahinter abteilte. Allmählich gewöhnten sich ihre Augen an das Dunkel, und sie erblickte eine zierliche Frau mit pechschwarz gefärbten Haaren in einem Hosenanzug aus dünnem, weißem Stoff. Aus dem runzeligen Gesicht blickten hellwache, sehr dunkle Augen. Die Frau gab ihr ein Glas mit Wasser und sagte streng: „Hier! Trink das!"

Anna leerte das Glas in einem Zug.

„Beinahe hätte dich die Hitze erschlagen", lachte die Frau jetzt.

„Woher kannst du so gut Deutsch?", fragte Anna matt.

„Ich war ein paar Jahre als Flüchtling in Deutschland, mit meiner Tochter. Bis sie uns nicht mehr wollten. Jetzt hab ich den kleinen Laden hier und vertreibe mir die Zeit, indem ich den Touristen ihre Herkunft ansehe. Dass du Deutsche bist, hab ich sofort gesehen."

Anna gab ihr die Hand. „Danke. Ich heiße Anna."

„Ich bin Lejla."

Die beiden Frauen sahen sich neugierig an.

„Und vor dem Krieg, wo hast Du da gelebt?"

„In den Bergen nördlich von Sarajevo, an der Drina", antwortete Lejla.

„An der Drina? Ich bin vor dreißig Jahren an der Drina gewesen, in Zvornik, auf der bosnischen Seite", sagte Anna.

"Wie bist Du denn da hingekommen?" fragte Lejla verwundert. „Damals gab es doch bei uns keinen einzigen Touristen. Und so eine wie du, ohne Hotel..."

„Wir brauchten kein Hotel! Wir lebten in einem Bauwagen!"

„Du meinst, in so einem Wagen aus Holz? Wirklich? Erzähl!"

„Ja wirklich, es stimmt: wir fuhren in einem Bauwagen durch Jugoslawien. So einem aus Holz, mit Schornstein und Gardinen vor den Fenstern. Es war im März 1979. Ich weiß noch genau, wie erschöpft und hungrig wir am Abend

Zvornik erreichten – eine kleine in den Fels gebaute Stadt an der Drina. Es gab eine Moschee, eine Bar, einen Laden. Wir parkten unser Gespann zwischen Bar und Laden an den Rand des kleinen Platzes und stiegen aus. Unsere beiden Hunde erkundeten das Gelände. Es war kalt und regnete ein wenig. Nachdem wir abgehängt und die Treppe an den Eingang gestellt hatten, stieg ich hinauf und öffnete die Tür.. Ich freute mich darauf, im Ofen Feuer zu machen – Holz hatten wir genug. Bald hätten wir hoffentlich auch etwas zu Essen auf dem Tisch.

Mein Freund Reno wollte erkunden, was es in dem Laden zu kaufen gab. Es stellte sich als Metzgerei heraus, deren einzige Auslage aus zwei Seiten fetten Specks bestand. Reno ging trotzdem hinein. Wir hatten inzwischen begriffen, dass in sozialistischen Geschäften in geheimen Ecken und Winkeln oft erstaunliche Dinge lagerten. Aus dem Hintergrund des Ladens tauchte ein kleiner runder Mann auf, dessen Glatze glänzte wie die Speckschwarten in seinem Schaufenster. Reno, inzwischen schon geübt, mit Händen und Füßen zu sprechen, wie auch mittels der paar Brocken Serbokroatisch, die er seit ihrem Grenzübertritt gelernt hatte, begrüßte höflich den Metzger und deutete auf die beiden Hunde, die vor dem Laden warteten.

Über das Gesicht des Metzgers, in dem sich zunächst keine Miene verzogen hatte, ging plötzlich ein breites Grinsen. Er verschwand in einem Hinterraum, und als er zurückkam, hielt er in der einen Hand einen Plastikeimer, in der anderen eine Wurst. Er deutete auf den Eimer und die Hunde, zu der Wurst aber schüttelte er den Kopf: die war nicht für die Hunde, sondern für Reno und mich zum Abendessen. Nein, bezahlen sollten wir nichts – wir seien Gäste und er sei Japan, der Metzger von Zvornic.

In bester Stimmung kam Reno mit seinen Schätzen

zurück, verblüfft über soviel Freundlichkeit. Ich hatte inzwischen Feuer gemacht. In der Petroleumlampe brannte Licht, meine Kartoffelsuppe stand auf dem Herd. Dazu gab es Brot und Wein. Reno schnitt die Wurst in kleine Stücke und tat sie in die Suppe. Es war warm und gemütlich in unserem Wohnwagen, und bald schnarchten unsere Hunde satt und zufrieden unter dem Tisch."

Während Anna erzählte, saß ihre neue Bekannte ganz still. Sie weinte, und die Tränen rannen ihr über das reglose Gesicht. Anna schwieg betroffen.

"Nein, nicht aufhören! Bitte erzähl weiter, ich kann nicht genug davon bekommen", sagte Lejla, sich die Augen wischend. „Es ist die Heimat, verstehst du? Meine Kindheit. Genau so waren die Leute. Gastfreundlich. Friedfertig."

Ja wahrhaftig, das waren sie, dachte Anna und kramte weiter in ihrer Erinnerung. Je mehr sie erzählte, desto lebendiger stand ihr alles wieder vor Augen. „Am nächsten Morgen schien die Sonne. Reno saß mit einem Becher Kaffee auf der Treppe, ich am Tisch und nähte einen Flicken auf meine Jeans, und die Sonne schien durch die geöffnete Tür, als plötzlich und unerwartet Leben aufkam. An die zwanzig Panjewagen rollten auf den Platz. Sie wurden von kleinen stämmigen Pferden gezogen. Die Männer hockten meist vorn auf dem Kutschbock, die Zügel in der Hand. Auf den flachen Ladeflächen ohne Bordwände saßen Alte, Frauen, Kinder neben Körben voll Kartoffeln und Zwiebeln oder Ballen von Stoffen und Kelims in den schönsten Farben. Auf anderen Wagen waren an den Henkeln zusammen gebundene kupferne Töpfe und Kaffeekannen gestapelt. Die Frauen hatten die Köpfe in Tücher gehüllt, so dass nur ihre Gesichter zu sehen waren. Sie hatten weite Röcke an, die bis zum Boden reichten und zwischen den Beinen hochgezogen waren, so dass sie wie weite Pluderhosen aussahen. Bei manchen schauten glitzernd und goldglänzend bestickte Schuhspitzen heraus.

Es war ein wildes Treiben. Alles palaverte durcheinander, die Kinder – es waren unglaublich viele – rannten und schrieen. Oft hatte ein Größeres ein Kleines auf dem Arm. Sie sahen abgerissen und verrottet aus, die meisten barfuss bei der Kälte, was sie aber nicht zu stören schien, denn sie spielten miteinander, balgten sich, auch die kleinsten immer dabei. Sehr geschickt und flink schirrten einige Jungen die Pferde aus und hängten ihnen Futtersäcke um.

Unterdes begannen die Frauen mit dem Handel. Musste eine von ihnen mal austreten, schürzte sie einfach den Rock und hockte sich auf den Boden. Praktisch.

Jetzt hatte auch die kleine Bar geöffnet. Die Männer tranken Mocca und sprachen miteinander. Andere spielten Domino.

Reno und ich saßen wie verzaubert auf unserer Treppe und schauten zu. Niemand schien sich an uns zu stören. Wir wurden einfach nicht beachtet. Einmal sahen wir Japan den Metzger, wie er mit einer Frau ein paar Würste gegen einen kupfernen Topf tauschte.

Um zwölf Uhr rief der Muezzin mit einem Megaphon vom Minarett zum Gebet. Vor der Moschee zogen die Menschen die Schuhe aus und fingen an sich zu waschen: zuerst die Hände und Ellenbogen, dann Gesicht, Hals und Ohren, auch hinter den Ohren. Wir konnten sehen, dass sie diese Waschungen dreimal wiederholten, nur der Kopf wurde einmal gewaschen und zum Schluss die Füße. Dann verschwanden Männer, Frauen und Kinder in der Moschee.

Langsam begriffen wir, was es mit dem wundersamen Schauspiel auf sich hatte, zu dessen Zuschauern wir zufällig geworden waren: Es war Freitag, und so kamen die

Menschen aus den Bergen in die Stadt, um Markt zu halten und sich in der Moschee zu treffen."

Als Anna geendet hatte, hob Lejla ihr verweintes Gesicht, zog ein Taschentuch hervor und schnäuzte sich. „Entschuldige", sagte sie, "ich werde so traurig, wenn ich dies höre. Aber was wir so lebhaft erinnern, kann nicht wirklich sterben, oder?"

„Nein", sagte Anna, noch immer ihrer Erinnerung nachhängend. „Wir können es vielleicht verdrängen, aber aus der Welt schaffen können wir es nicht. Warum ist es so traurig für dich?"

Lejlas Gesicht verschloss sich und ihre Augen sahen durch Anna hindurch. Nach einem langen Moment des Schweigens begann sie stockend zu erzählen: „Ich lebte mit meiner Familie, mit meinem Mann, meinem Schwiegervater, meinem Sohn, er war sechzehn, und mit meiner Tochter, sie war vierzehn damals. Ich arbeitete als Lehrerin – wir sind Sunniten..."

Sie blickte wieder eine Weile stumm an Anna vorbei, hinaus auf das laute Geschiebe im Basar. Mit Mühe nahm sie ihren Bericht wieder auf. „Sie kamen am Abend. Wir saßen zusammen beim Essen. Mit Gewehren trieben sie die Männer aus dem Haus. Wir sahen sie nie wieder. Sie vergewaltigten meine Tochter vor meinen Augen, es waren vier. Wie Marisa und mir die Flucht gelang, weiß ich nicht mehr. Das ganze Dorf brannte lichterloh. Wir flohen in die Berge – nur Frauen und Kinder. Seitdem teilt sich unser Leben in Vorher und Nachher, und das Vorher ist ein ferner Traum." Sie sah Anna an. „Erst viel später in Deutschland lernten wir für diesen Traum wieder Worte zu finden. Uns zu erinnern."

Lejlas Stimme war jetzt rauh und spröde. „Wir können nicht mehr zurück, verstehst du)? Das Dorf und seine

Bewohner existieren nicht mehr! Und Marisa hat hier eine Anstellung gefunden. Ich lebe nur für sie. Mostar ist mir fremd. Hast du das weiße Kreuz gesehen über der Stadt? Das haben die Christen aufgestellt. Die Kroaten. Der christliche General hat damals, im November '93, die Brücke beschossen, tagelang. Am 7. November ordnete er eine Pause an und wartete mit der endgültigen Zerstörung bis zum 9. November, dem Tag der Faschisten. Danach ließ er das weiße Kreuz über der Stadt aufstellen." Sie machte wieder eine Pause und fügte dann leise hinzu: „Der Faschismus ist eine schlimme Krankheit, und keine UNESCO und keine noch so perfekt wieder aufgebaute Brücke können sie heilen. Es waren Christen, die den Faschismus damals nach Bosnien gebracht haben. Christen, verstehst du? Dabei verdanke ich mein Überleben ebenfalls den Christen: in Deutschland: als Flüchtlinge, waren wir in einer christlichen Kirchengemeinde untergekommen. Ohne die Frauen dort hätten wir das alles nicht überlebt."

Anna hatte schweigend zugehört. 1993? Sie musste an die ersten Stufen ihrer Karriereleiter denken, ehrgeizig einen Geschäftserfolg an den nächsten reihend. Die Erinnerung an ihren Aufbruch ins Leben, damals mit Reno, hatte sie fest in einer Schublade verschlossen und nie mehr daran gerührt. Nun war alles wieder gegenwärtig.

Draußen war es dunkel geworden.

„Ich schließe jetzt den Laden. Meine Tochter hat bestimmt gekocht. Wenn Du willst, bist du eingeladen, mit uns zu essen."

„Danke", sagte Anna. Ich freue mich, mit dir und deiner Tochter essen zu dürfen. Ich kann ja auch nachts zurückfahren. Doch ich... ich habe noch eine Frage: An der Straße nach Mostar sind überall merkwürdige Plakatwände aufgestellt, mit Texten, die ich nicht verstehe. Was steht dort?"

„Du meinst die mit der Männerhand, die der Frau den Mund zuhält, und dem Waschbecken? Die wurden von Menschenrechtsorganisationen aufgestellt. Sie sollen uns helfen auszusagen, um die Kriegsverbrecher in Den Haag vor Gericht zu stellen. Auf dem einen steht *Du musst reden! – wie kann ich reden, wenn ich dadurch das Leben meiner Kinder gefährde?* Und auf dem anderen *Du musst reden! – weil Blut nicht wie Wasser ist.*"

Sie zögerte und machte erst einmal die hölzernen Fensterläden dicht, die mit Vorhängeschlössern verriegelt werden mussten. Dann wandte sie sich wieder ihrem Gast zu und sagte: „Ich habe geredet, Anna. Zu dir eben. Aber ob ich die Kraft hätte, das auch vor Gericht zu tun?"

Anneliese Dick

Weiße Welt, bunte Welt

Šimo Ešić

Vor langer, langer Zeit, als die Sonne noch nicht so leuchtete und wärmte wie heute, war die Welt auch nicht so bunt und so schön. Im Weißen Palast auf dem Gipfel des Weißbergs regierte die Weiße Kaiserin über die ganze Erde. Sie liebte den Schnee und den Winter über alles und darum war alles in ihrem Reich weiß, schneeweiß. Nicht nur im Winter, wenn der Schnee Wälder und Häuser und Hügel und Täler und alle Wege bedeckte – auch während des kurzen Sommers, wenn der Schnee geschmolzen war, gab es keine andere Farbe als Weiß. Aus weißer Erde wuchs weißes Gras. Es blühten weiße Blumen, in den Wäldern wuchsen weiße Bäume, es lebten nur weiße Tiere, es flossen nur weiße Flüsse und es flogen nur weiße Vögel umher. Die Menschen trugen weiße Kleider und strichen ihre Häuser weiß an. Sie kannten keine andere Farbe, denn eine andere Farbe gab es nicht auf der Erde.

Und es wäre noch lange so weiter gegangen, wenn nicht ein ganz ungewöhnlicher Knabe auf die weiße Welt gekommen wäre. An seinen Namen kann sich niemand mehr erinnern, aber seine Geschichte wird noch heute erzählt. Er sah so aus, wie alle anderen weißen Kinder auch. Aber das Aussehen ist ja nicht immer das Wichtigste. Während die anderen Kinder spielten, schaute er neugierig in alle Ecken, schnitzte mit seinem Messerchen alle möglichen Sachen und fragte die Erwachsenen nach Dingen, über die sie noch nie nachgedacht hatten. Oft sah man ihn in Gedanken versunken in den Himmel schauen. Die Leute glaubten, er habe den Verstand verloren, und so begannen die Kinder ihn zu meiden und die Erwachsenen ihn zu bedauern.

Der Knabe wuchs und wurde immer rätselhafter. Er konnte so schön erzählen, daß die Bauern, die ihm zuhörten, ihre Arbeit vergaßen und die Frauen vergaßen das Mittagessen auf dem Herd und die Kranken vergaßen sogar ihre Krankheiten. Er hatte sich eine seltsame Flöte geschnitzt, wie man sie bis dahin noch nie gesehen hatte, und spielte darauf so bezaubernd, daß selbst die Vögel im Flug verwundert innehielten, um ihm zuzuhören.

Die Kunde von dem ungewöhnlichen Knaben, der mittlerweile zum Jüngling herangewachsen war, verbreitete sich in Windeseile im ganzen Reich und kam auch der weißen Kaiserin zu Ohren. Sie befahl, ihn zu holen, und so wurde er zum Weißen Palast gebracht. Seine Geschichten und seine Musik betörten die Kaiserin, so daß sie ihm anbot, in ihren Dienst zu treten.

Am Hof erzählte und spielte er immerzu. Die Leute lauschten ihm mit offenem Mund und vergaßen fast zu atmen. Sie hatten nicht geahnt, daß man die Worte so schön aneinanderreihen konnte und daß es auf der Welt solche

Töne gab, wie sie der Jüngling seiner Flöte entlockte. Alle waren erfüllt von seinen Geschichten und seiner Musik, nur er selbst blieb unruhig und unzufrieden.

Der Weißen Kaiserin, die eine scharfsinnige Herrscherin war, konnte das nicht entgehen. So rief sie ihn eines Tages zu sich und sagte:

„Du hast uns wunderbare Dinge gezeigt, wir alle haben dich in unser Herz geschlossen und dennoch scheint mir, daß du nicht zufrieden bist. Sag mir: was fehlt dir?"

„Ich weiß es nicht, erlauchte Kaiserin", antwortete der Jüngling und zuckte mit den Schultern. „Es geschieht so viel Schönes und Ungewöhnliches in mir, aber nur sehr wenig davon vermag ich in Worte zu fassen oder mit meiner Flöte auszudrücken. Ich ahne, daß es einen, mir noch verborgenen Weg geben muß. Er ist irgendwo hier, ganz nahe, aber es gelingt mir nicht, ihn zu finden, sosehr ich ihn auch suche."

„Du bist jung", erwiderte die Kaiserin, „daher ist die Unruhe in dir. Mit der Zeit wirst du lernen, mit dem zufrieden zu sein, was du hast. Und jetzt komm und spiel mir etwas vor."

Es verging nicht viel Zeit, nur so viel, wie der Wind braucht, um von der einen Seite des Berges auf die andere zu fliegen, da träumte der Jüngling einen schrecklichen Traum. Es war ein Traum von der weißen Welt, die nicht mehr weiß war! Die Bäume, das Gras, die Häuser, die Menschen, die Vögel – nichts war mehr weiß! Alles sah irgendwie anders aus, ganz anders.

Der Jüngling erschrak bis ins Herz, er erwachte schweißgebadet und zerschlagen, aber sagte niemandem auch nur ein Wort von seinem schrecklichen Traum. In der nächsten weißen Nacht kam der Traum wieder. Der Jüngling sah jetzt noch deutlicher, daß der Wald nicht mehr weiß war, daß jede Blume anders leuchtete und daß sogar die Dächer sich voneinander unterschieden! Als sich der Traum auch in der dritten Nacht wiederholte, bekam der Jüngling, Angst, verrückt zu werden. Er ging in den Garten und wachte dort bis zum Sonnenaufgang. Die Nacht war still, lau und – weiß, wie alle Nächte bisher. So wie auch heute noch manche Nächte in manchen Teilen der Welt weiß sind. Auf den großen weißen Blüten im Garten lag der Tau. Die Tropfen liefen langsam, zuweilen zögernd, die Blätter hinab, sammelten sich an deren Spitzen, wurden schwer und fielen wie große Tränen zur Erde.

Da traf ein Strahl der Sonne, die soeben aufgegangen war, einen der tausend Tropfen. Und siehe da, was der Jüngling im Traum gesehen hatte, wiederholte sich nun vor seinen wachen Augen: in dem Tautropfen leuchtete für einen Augenblick die ganze Pracht der Regenbogenfarben! Er sah die Farben deutlich: eine, zwei, drei, vier, fünf!... Dann löste sich der Tropfen vom Blatt und zersprang im Gras. Und sogleich wurde alles wieder weiß. Aber in dem nächsten Tropfen wiederholte sich das wunderbare Schauspiel. Und so von Blatt zu Blatt, von Tropfen zu Tropfen. Als die Sonne allen Tau getrocknet hatte, setzte der Jüngling das Zauberspiel fort und gab allem, was er sah, eine Farbe.

Diese Rose sollkönnte so wie die erste Farbe haben, diese Blume die zweite. Das Gras soll die dritte Farbe haben, der Fluß die vierte, die Häuser, die Bäume, der Himmel, die Welt...! rechnete er fieberhaft. Wirklich, warum muß eigentlich alles auf dieser Welt weiß sein?!

Der Jüngling eilte zum Palast auf dem Weißberg. „Erlauchte Herrscherin!", rief er dort aus und verbeugte sich vor der Weißen Kaiserin. „Heute morgen hat mir ein Tautropfen im Garten den Zauber der Farben offenbart! Niemand hat es gewußt, aber unsere Welt muß nicht mehr weiß sein!"

Die Kaiserin verstand ihn zunächst nicht, aber da er immer bunter redete, schalt sie ihn aus und verbot ihm zuletzt, solchen Unsinn auch nur zu denken.

„Du erzählst zwar schön, aber die Welt kann nur so sein, wie sie ist, nämlich – w e i ß ! Und du sollst sie mir durch nichts verderben!"

Der Jüngling verließ traurig den Hof und verbrachte die Nacht auf den Feldern. Am nächsten Morgen weckten ihn die Bauern, die nebenan Korn mähten.

„Spiel uns was vor, während wir arbeiten", baten sie.

„Ich habe meine Flöte im Palast gelassen und dorthin kehre ich nicht mehr zurück. Aber, solange ich keine neue habe, will ich euch die Geschichte von den Farben erzählen."

„Was ist das?"

„Zum Beispiel das Gelb. Das Gelb ist gelb wie das Gelb. Die Sonne könnte gelb sein."

„Die Sonne ist weiß", sagte ein Bauer, „und alles ist weiß wie das Weiß. Auch dein Gelb ist weiß wie das Weiß."

„Euer Korn könnte gelb sein wie das Gelb", bemerkte der Jüngling.

„Das Korn ist weiß!", sagte der Bauer verärgert, wandte sich von ihm ab und fuhr mit dem Mähen fort.

Für den Jüngling brachen schwere Zeiten an. Er hörte auf zu erzählen, weil niemand mehr seine Geschichte von den Farben hören wollte. Die Leute dachten, er habe den Verstand verloren und hatten Mitleid mit ihm. Manchmal erlaubten sie ihm, in einer Scheune zu übernachten und ab und zu gaben sie ihm Reste von ihren Mahlzeiten für kleine Arbeiten im Stall.

So verging der Sommer, so verging der Herbst und so verging der Winter.

An einem Frühlingsmorgen, als der Jüngling auf einer

Wiese den weißen Tagesanbruch betrachtete, flog ein Schmetterling auf seine Hand.

„Willst du die Geschichte von den Farben hören?", fragte er ihn.

Der Schmetterling faltete nur seine weißen, durchsichtigen Flügel, die im frischen Frühlingswind ängstlich zitterten, zusammen und breitete sie wieder aus.

„Ach, es ist so traurig", seufzte der Jüngling. „Könnte ich dir nur die Farben zeigen. Sie sind so schön..."

Der Morgen war still und weiß. In der Ferne hörte man einen Hahn krähen und die Kirchenglocken läuten. Die Bauern schickten sich an, aufs Feld zu gehen. Der Jüngling begann zu weinen und eine Träne fiel dem Schmetterling auf den Flügel...

Und siehe da, es geschah ein Wunder! Die Träne zerlief zu einem Bild aus tausend Farben! Vor Schreck schlug der Schmetterling die Flügel gegeneinander und breitete sie gleich wieder aus. So hatte er das Zauberbild auf den anderen Flügel übertragen. Taumelnd vor Glück, aber immer noch etwas erschrocken, schwebte er davon und mit jedem Flügelschlag fiel eine Wolke vom farbigen Staub auf die Erde.

Der Jüngling tanzte vor Freude. Und der Wind trug die Farben über das Gras, den Garten, die Felder, den Wald, die Vögel, den Himmel! Alles begann zu leuchten und zu leben in hunderten, in tausenden von Farbtönen. Außer sich vor Glück lief der Jüngling hinter dem Schmetterling her, tauchte in die farbige Zauberwolke ein und verlor sich darin.

Die Bauern aus dem benachbarten Dorf, die sich schon auf den Weg zu den Feldern gemacht hatten, betrachteten das Wunder mit weit aufgerissenen Augen. Die Mutigeren unter ihnen jubelten und warfen ihre Mützen in die Luft.

Manche ließen ihre Geräte fallen, rannten los und wälzten sich und badeten in den Farben wie Kinder. Bald wurde die ganze Gegend von einem Freudentaumel erfaßt.

Zur selben Zeit weckten die erstaunten Hofräte die Weiße Kaiserin, um sie über das Wunder zu unterrichten, das sich im Tal unterhalb des Palastes ereignet hatte. Als die Kaiserin zum Fenster trat, da sah sie etwas, was sie noch nie gesehen hatte: ein blauer Himmel spiegelte sich im Fluß, der sich durch eine grüne, mit bunten Frühlingsblumen übersäte Wiese wand. In der Ferne atmete ein dunkelgrüner Wald.

„Wo ist mein weißes Reich?! Was ist mit meiner weißen Welt geschehen?!", schrie die Kaiserin eifersüchtig. Der Anblick war so wunderschön, daß sie die dicken weißen Vorhänge zuzog, um ihn vor ihren Untertanen zu verbergen.

„Wache!", rief sie verzweifelt und riß ein Stück von ihrem kaiserlichen Gewand ab. „Verdeckt mit diesen weißen Binden eure weißen Augen und bringt mir den Jüngling her, der uns einst mit seiner Musik und seinen Geschichten unterhielt. Aber was auch passieren mag, ihr dürft die Augenbinden nicht abnehmen!"

Die Soldaten gehorchten und galoppierten auf weißen Pferden hinaus ins ganze Reich, aber so blind wie sie waren, verloren sie sich bald ohne jede Spur.

Die Weiße Kaiserin schloß für immer die Tore ihres weißen Palastes und kein Mensch hat sie je wieder erblickt. Auf dem Berggipfel blieb von dem Weißen Palast nur eine weiße Ruine, ein Stück Eis, ein stummer Zeuge der längst vergessenen, weißen Zeit.

Aber was geschah mit dem bunten Jüngling? Niemand weiß es. Nicht einmal an seinen Namen kann man sich mehr erinnern. Nur seine Geschichte ist bis auf den heutigen Tag lebendig geblieben.

Im Frühling, wenn die Morgen still und frisch sind und der Hahn in der Ferne kräht, kann man manchmal sein leises Flüstern hören und im Wind entfernte, zauberhafte Klänge seiner Flöte.

Und wenn nach einem kurzen Regen der Regenbogen am Himmel erscheint, kann man darunter – so wird erzählt – den Jüngling sehen, wie er neue Farben und Töne mischt. Vielleicht wird er mit ihrer bezaubernden Schönheit noch einmal die Welt verändern!

Angela Reimann

Rita Weimer

Rede

Šimo Ešić

Sehr geehrte Damen und Herren,
zunächst möchte ich mich herzlich für die Aufmerksamkeit bedanken, die Sie mir mit Ihrem Erscheinen erweisen. Ich bedanke mich, weil ich Ihre Aufmerksamkeit noch nicht verdient habe. Sie schenken mir Ihr Vertrauen unbesehen.

In den glücklichen Jahren, als ich eine Heimat hatte, kam es sehr häufig zu Begegnungen mit meinen Lesern. Sie spornten mich an und beeinflußten mich. Ich hatte mich an sie gewöhnt, sie waren für mich eine Art Barometer, an dem ich ziemlich genau ablesen konnte, ob meine Arbeit einen Sinn hatte. Einige Bilder aus jener Zeit haben sich in mein Gedächtnis eingeprägt. Zum Beispiel: Nach einer Lesung in einer Schule gehe ich an Schülern vorbei, die es nicht abwarten können, heim zu kommen, sondern mein Buch auf dem Nachhauseweg lesen. Oder: Ich komme in eine

Schule oder in ein Kulturhaus und werde dort von fünf- oder sechshundert Schülern begrüßt, die lauthals mein Gedicht vortragen. Glauben Sie mir, für einen Schriftsteller gibt es kein schöneres Erlebnis, keinen höheren Preis.

Hier in Deutschland habe ich nicht so oft Gelegenheit, Liebhabern der Literatur und erst recht nicht den eigenen Lesern zu begegnen. Die deutsche Sprache beweist mir immer wieder, dass ich nicht fähig bin, in ihr zarte Gefühle, schöne Gedanken, interessante Ideen, abstrakte Konzepte auszudrücken. Und da ich somit verurteilt bin zu einem Leben in der Welt der Substantive und Zahlen, der Schlagzeilen und Supermarkt-Reklamen, der offiziellen Sätze im Ausländeramt, Finanzamt, Arbeitsamt und wer weiß noch welchem Amt, krieche ich in mich zurück und habe Hemmungen, mich vor dem neuen Publikum so zu geben, wie mich meine Leser kennen. Und dieses Bilderbuch, dieses kleine Märchen, dem wir es verdanken, heute abend hier zusammengekommen zu sein, ist beinahe alles, was ich als Autor hierzulande zustandegebracht habe. Dennoch bin ich nicht unzufrieden, denn manchmal ist auch das Wenige so viel, dass man nichts mehr erwarten oder nach mehr suchen sollte. Auch besitze ich die Gabe, selbst in kleinen Dingen einen großen Wert zu erkennen, mich über Kleinigkeiten zu freuen und zu glauben, das Glück sei groß, auch wenn es in Wahrheit klein ist. So heißt es in einem meiner Gedichte:

Seid doch heiter, Freunde,
das Leben ist kein Trauerspiel
in der großen Welt
findet jeder sein Ziel.
Irgendwo liegt gewiss
ein kleines Glück verborgen
und wartet nur auf uns:
so macht euch keine Sorgen.

Und wenn wir schon beim Glück sind: meine deutschten Freunde fragen mich manchmal, ob ich glücklich sei. Ich war es, antworte ich dann kurz. Und warum bist du es jetzt nicht? fragen sie. Dann bin ich nicht imstande, mir den abstrakten Satz auszudenken, mit dem ich es ihnen erklären könnte. Dabei ist die Antwort ziemlich einfach: weil fast alles, was schön und wichtig war, was zählt und woran mir liegt, zur Erinnerung geworden ist. Ein Mensch kann nicht glücklich sein, wenn die Vergangenheit alles ist, was er besitzt. Wenn er nicht von den Erinnerungen lassen kann. Und ich bin so einer: ich kann nicht von meinen Erinnerungen loskommen.

Und die Heimat? werden jetzt vielleicht auch Sie fragen, liebe Zuhörer. Auch die Heimat ist zur Erinnerung geworden, antworte ich. Die hiesige hat mich noch nicht adoptiert – das entsprechende Verfahren läuft noch – und die dritte, die dichterische Heimat, die sich überall dort befindet, wo ein Gedicht sich in einem Menschenherzen einnistet, diese Heimat ist über die ganze weite Welt verstreut, in mehr als einhundertundzwanzig Ländern. Manchmal erreichen mich die Herzschläge aus diesen fernen Heimatländern. Manchmal melden sie sich aufflackernd, so wie sich einsame, rettende Leuchttürme den Seeleuten blinken. Manchmal höre ich von mir gänzlich unbekannten Landsleuten, dass sie bei ihrem Auszug in die Welt in ihrem bescheidenen Gepäck, ihrer einzigen Habe, Platz für ein Buch von mir hatten. Wenn ich einen solchen Brief erhalte, fühle ich mich wie ein Taubenzüchter, der erlebt, dass seine Tauben aus unendlicher Ferne wieder in ihr Haus zurückkehren, nachdem er schon jede Hoffnung aufgegeben hat.

Heute abend bin ich hier, um zusammen mit Ihnen der trügerischen Hoffnung nach zu gehen, dass die Kunst noch immer nicht ohnmächtig geworden ist und dass wir diese leicht verderbliche Welt noch immer mit einer auch noch so winzigen guten Tat zum Besseren wenden können. Von diesem Gedanken habe ich mich leiten lassen, als ich dieses Märchen über die Kunst und über das Gute schrieb. Vielleicht ist das Märchen ein Weg, auf dem ich in einem hier anwesenden Menschenherz eine neue dichterische Heimat finde. Aber auch, wenn das nicht gelingt, wollen wir nicht all zu sehr trauern. Man muss dann weiter suchen. Es gibt viele Türen auf dieser Welt, und nicht alle sind verschlossen. Auch nicht für einen so einsamen Reisenden wie mich.

Monika Heuer

Christel Hille

Saša und Karlo
Bericht von einer Freundschaft

Anna Bardi

1. DEUTSCHLAND

Saso und Karlo erlebten den Bürgerkrieg auf dem Balkan als Kinder in Deutschland: in Sicherheit, doch deshalb nicht minder intensiv. Denn plötzlich schienen die Eltern wie von einer Psychose befallen. Ihre Angst spiegelte sich in dramatischen Wortgefechten wider. Das war bei anderen Flüchtlingen nicht anders. Es gab Familien, die sich untereinander zerstritten, weil der Vater aus Serbien stammte und die Mutter aus Bosnien oder Kroatien. Es gab Arbeitskollegen, Serben, Kroaten, die sich prügelten, so dass man sie entlassen musste. Das Grauen in der Heimat setzte sich in der Fremde fort. Jeder sah in dem anderen, was er täglich im Fernsehen wahrnahm. Es war ein Ausnahmezustand.

Karlo hatte noch vor Kriegsbeginn als Dreijähriger mit seiner Mutter, seinem Vater, dem Bruder und den beiden Schwestern Dubrovnik verlassen. Sie fanden eine Unterkunft in Asslar, einem Dorf in Mittelhessen, nahe der Stadt Wetzlar. Karlos Vater war Maschinenbauingenieur. Er bekam bei der Firma Edelstahl Buderus in Wetzlar einen Arbeitsplatz.

Auch Saša war erst drei Jahre alt, als er mit seinen Eltern nach Deutschland kam. Die Eltern waren Serben, der Vater war gelernter Friseur. Schon vor mehr als vierhundert Jahren hatten sich die Vorfahren der Familie, auf der Flucht vor den Türken, in Drače, einem kleinen Ort in Kroatien an der Adria, angesiedelt. Bis dahin hatten sie friedlich mit ihren Nachbarn gelebt, sich mit Brot und Salz ausgeholfen, ja sogar Feste zusammen gefeiert. Serben oder Kroaten, Christen oder Orthodoxe: es machte keinen Unterschied. Das änderte sich über Nacht. Als der Krieg ausbrach, waren sie als Serben plötzlich Fremde in Drače. Um ihr Leben zu retten, mussten sie ihr Haus verlassen und fliehen.

Sašas Familie kam in Wetzlar-Niedergirmes unter. Der Vater fand zunächst eine Arbeit als Kellner in einem Balkanrestaurant in Steindorf bei Wetzlar. Später machte er sich als Friseur selbständig. Es wurden noch zwei Schwestern geboren. Den Gedanken, nach dem Krieg wieder in ihre Heimat zu fahren, hatten sie aufgegeben, denn dort war der Hass zwischen Serben und Kroaten offenbar zu einer endlosen Spirale geworden. Sie wussten nicht einmal, ob ihr Haus noch stand.

Karlo und Saša gingen beide auf die Gesamtschule in Niedergirmes. Fünfzig Prozent aller Schüler dort waren Ausländer. Sie kamen aus der Türkei, aus Polen und Russland, aus Serbien, Kroatien, Bosnien, dem Iran, Indonesien, Spanien und Griechenland. Auf sprachliche Unterschiede wurde wenig Rücksicht genommen, dafür gab es extra Kurse. Häufig kam es zu Streitereien, besonders zwischen Kindern aus den Balkanländern. Als der Krieg nach fünf Jahren beendet war, wurden viele Familien abgeschoben, andere weiterhin geduldet.

Bei den meisten Kindern, die in Deutschland blieben, hatten sich Hass, Gewalt und Terror im Gemüt verankert. Ihr Feindbild wurde durch die Killerspiele auf dem PC noch unterstützt. Leichen pflasterten den Bildschirm. Es konnte nicht blutig genug sein. Karlo und Saša jedoch wurden Freunde. Sie entdeckten die Gegensätze, aber auch die Gemeinsamkeiten ihrer Kultur, vor allem in der Sprache des einstigen Jugoslawien, dem Serbokroatischen. Die serbokroatische Sprache bedeutete für sie Gerüche von Speisen und Kräutern, Fotos von fremden Städten und Dörfern, Familie, Freundschaft. Die deutsche Sprache bedeutete für sie Schule, Freizeit, Gegenwart, Zukunft, Freundschaft. Und statt der Computerspiele erweckte ein anderes Spiel ihr Interesse: Schach. Wieviel Leid hätten sich ihre beiden Völker ersparen können, hätte der Kampf auf einem Schachbrett stattgefunden! Schachspiele waren Kriegssituationen, aber auf einer anderen Ebene. Es gab Schachzüge, die tödlich sein konnten wie Waffengänge, und die sie im Spiel strategisch einsetzten. Manchmal wurden dadurch schreckliche, verdrängte Bilder aus dem Fernsehen wieder lebendig.

Der Sieger hatte dann ein Problem. Die symbolische Schlacht war zu Ende, aber nicht das, was sie verstehen wollten, mit ihrem Verstand, mit ihrem Herzen. Was bringt Menschen dazu, Menschen zu töten, die zuvor Freunde waren? Serben und Kroaten hatten aufeinander geschossen. Warum? Weshalb? Wer hat mit dem Krieg angefangen? Na ihr ward es, nein ihr, ihr ward es, nein ihr,

ihr... So endete manche Partie im Streit. Karlo neigte dann manchmal dazu, aggressiv zu werden. Doch es wurde nie Feindschaft daraus, wie bei den Erwachsenen.

Später, auf dem Goethe-Gymnasium in Wetzlar konnten sie sich zwischen dem Fach Religion und Ethik entscheiden. Beide bevorzugten den Religionsunterricht. Das Verständnis für die Unterschiede in ihren Familien wuchs. Sie bauten ihre Erkenntnisse in ihr Schachspiel ein. Die Könige wurden zum Papst aus Rom und zum Patriarchen aus Konstantinopel. Nur einer konnte gewinnen. Der Gewinner war aufgefordert, Toleranz zu üben. Es gelang jedes Mal.

Sogar die deutsche Literatur begann sie zu interessieren, vor allem Saša. Wetzlar ist eine Goethestadt. Hier wurde der junge Goethe zu seinem weltberühmten Roman „Die Leiden des jungen Werther" inspiriert. Werther war Pflichtlektüre in der Oberstufe. Die meisten Schüler fanden den Briefroman aus dem 18. Jahrhundert veraltet und kitschig. Der Lehrer war verzweifelt: Nehmt euch doch nur mal ein paar Stunden Zeit! Schaltet alles ab, Computer, TV, Handy. Bitte habt beim Lesen etwas Geduld, und ihr werdet spüren, dieser Roman ist ein bahnbrechendes europäisches Meisterwerk!

Und merkwürdig, Karlo und Saša hatten diese Geduld, vielleicht, weil sie zu der Zeit verliebt waren, beide in dasselbe Mädchen aus ihrer Klasse. Karina stammte aus einer gutbürgerlichen Wetzlarer Familie. Das zarte, schöne Mädchen wohnte in der Goethestrasse. Oft gingen die Jungen voller Sehnsucht an ihrem Haus vorbei. Die tiefen, verzweifelt romantischen Gefühle des jungen Werther konnten sie mehr und mehr nachempfinden, und ihre Freundschaft geriet zum ersten Mal in eine Krise. Doch als sie erfuhren, dass der Roman seinerzeit eine Selbstmordwelle ausgelöst hatte, gaben sie den Kampf um das Mädchen auf, sowohl beim Schachspiel als auch in der Wirklichkeit. Gefühle dieser Art bedeuteten eine große Gefahr. Sie merkten, ihre Freundschaft zu bewahren war schwierig, doch sie wollten unbedingt anders sein als ihre Eltern. Dabei wussten sie nicht einmal genau, was sie damit meinten, anders sein.

Die Eltern duldeten die Freundschaft ihrer Söhne, aber mehr taten sie nicht. Für Karlo und Saša war es schmerzlich, glauben zu müssen, dass ihre Eltern, wären sie in der Heimat geblieben, bittere Feinde geworden wären, vielleicht sogar fähig, einander zu töten.

Am Ende bestanden sie das Abitur mit gut, und zum Abschied bekamen alle eine Bibel geschenkt. Besonders Karlo war sehr stolz darauf.

2. DIE REISE NACH KROATIEN

Lange schon vor dem Abitur hatten sie die Reise nach Kroatien geplant und dafür gespart. Sie besaßen deutsche Pässe, denn Ihre Eltern hatten inzwischen die deutsche Staatsangehörigkeit erworben. Karlo war inzwischen zweimal bei den Verwandten in Dubrovnik gewesen. Saša würde zum ersten Mal das Land seiner Herkunft erleben.

Der Flug von Frankfurt nach Dubrovnik, nur zwei Stunden, so nah, so schnell. In Dubrovnik wurden sie von Karlos Verwandten abgeholt. Saša wurde freundlich reserviert aufgenommen. Man zeigte ihnen die mit UNESCO-Hilfe wieder aufgebaute Stadt, und sie genossen die herrlich hausgemachten würzigen Speisen.

Die abendlichen Gespräche drehten sich meist um den vergangenen Krieg. Die Verwandten sprachen davon, dass sie während der Blockade wie Höhlenmenschen in völliger

Dunkelheit im Keller ohne Wasser und ohne Strom gehaust hatten, und dass ihnen noch immer die Explosionen der Granaten in den Ohren klängen, die täglich auf die Stadt nieder gingen. Sie sprachen von dem schwärzesten Tag und den vielen Toten beim so genannten Nikolaus-Beschuss, als Hunderte von Granaten in den Straßen explodierten. An einem Sonntag besuchten sie auch den Friedhof; bei dem Angriff hätten die Serben die Grabsteine einfach weggesprengt.

Gibt es denn keine Aussöhnung? dachte Saša. Kroatien war das Land seiner Geburt, seit Jahrhunderten waren seine Ahnen hier ansässig gewesen. Und doch fühlte er sich bei den Gesprächen ausgeschlossen. Für euch werde ich immer der Serbe bleiben, sagte er missmutig. Karlo versuchte ihn zu beruhigen: „Du bist überempfindlich."

Per Anhalter reisten sie weiter, auf die Halbinsel Pelješac im Norden von Dubrovnik, bis zur tief gelegenen Bucht Prapatno, wo es einen schattigen Campingplatz unter Olivenbäumen gab. Hier tummelten sich Deutsche, Kroaten, Franzosen, Holländer, Schweizer. Sie zählten viele Sprachen. Sie mieteten ein kleines Zelt und beschlossen, in dieser Bucht, die einen wunderschönen Sandstrand hatte, länger zu verweilen.

Oberhalb auf einer Bergkette, wuchsen wilde Kräuter in großer Vielfalt. Manche davon kannten sie nicht einmal mit Namen. Karlo und Saša waren von den intensiven Gerüchen wie berauscht. Mit Hilfe der Kräuter bereiteten sie sich köstliche Mahlzeiten. Es war wie im Paradies. „Siehst du, das alles gedeiht hier auf dem fruchtbaren kroatischen Boden", meinte Karlo.

Eines Morgens ging Saša in die Bäckerei: „Ich möchte ein Brot kaufen." „Du bekommst aber nur dann Brot, wenn du den Satz noch einmal, auf Kroatisch wiederholst." „Auf

Kroatisch?" Saša konnte kein Kroatisch. In Titos Jugoslawien war Serbokroatisch ihre Sprache gewesen, und seine Eltern hatten nichts anderes gelernt. Doch schon während des Krieges wurde in Kroatien das Serbokroatische für ungültig erklärt. Jedes serbische Wort sollte ausgemerzt werden. Zu dem Zweck wurden etwa dreitausenddreihundert alte Wörter aus der Zeit der K.u.K.-Monarchie wieder ausgegraben.

Saša verzichtete auf sein Brot. Er war den ganzen Tag nicht ansprechbar.

An einem der nächsten Tage machten sie einen Ausflug auf die benachbarte Insel Korčula. Ein Deutscher, der neben dem Campingplatz in einer kleinen Pension wohnte, nahm die beiden in seinem Auto mit. Mal führte die kurvige Straße durch die Berge, mal tief direkt am Wasser entlang. An einer Stelle, in seinem Geburtsort Drače, bat Saša um einen kurzen Aufenthalt. Sie stiegen aus. Hier stand das Haus meiner Eltern, sie haben immer wieder davon erzählt. Sie blickten auf ein paar Mauerreste. Einige junge Bäume neigten sich zum Wasser, angezogen durch den Jod- und Salzgehalt. „Als die serbische Armee die Stadt Ston am Eingang von Pelješac erreichte", erzählte Saša leise, „haben die Kroaten im Innern der Halbinsel die Häuser ihrer serbischen Nachbarn zerstört. Um ihr Leben zu retten, mussten die Serben fliehen. Sie kamen nie zurück. Meine Großeltern, Tanten und Onkel haben die Auseinandersetzungen nicht überlebt."

Eines Abends saßen sie am Strand von Pelješac mit anderen Jugendlichen um ein Feuer herum. „Du bist der einzige, der hier fremd ist", flüsterte einer Saša ins Ohr. Es war ein Kroate. Wie immer das gemeint war, von da an war Saša sehr traurig, mehr noch, er fühlte sich bedroht. „Ich bin doch hier geboren wie du!", sagte er verzweifelt zu Karlo.

„Ich ertrage das nicht. Alles ist mit uns anders als in Deutschland. Warum stehst du nicht zu unseren Idealen, warum stehst du nicht zu mir?"

Karlo ging auf Distanz. Wurde aggressiv: „Begreifst du denn nicht, dass die Serben uns auslöschen wollten? Sie wollten unsere Kultur, unsere Vergangenheit zerstören. Unsere Identität." Man merkte, ihm kam das neue Nationalgefühl in Kroatien sehr entgegen. Er fühlte sich wohl, heimisch. Das Fremde war vertrieben Er genoss die vertraute Atmosphäre, die schöne Landschaft. Schon nach ein paar Tagen hatte er sich mit einem Mädchen aus dem Dorf angefreundet, und er konnte sich vorstellen, nach dem Studium in Deutschland hier eine Familie und eine Existenz zu gründen.

Mit einem Mal sprachen sie nicht mehr miteinander, nicht mehr über das, was wesentlich war. In Deutschland hatten sie all ihre Zweifel und Fragen beim Schachspiel erörtern können. Eigens für die Reise hatten sie ein kleines Spiel mit Steckfiguren mitgenommen. Es blieb unberührt im Rucksack. Saša wurde plötzlich klar, es war nur der Verstand, mit dem sie in der Fremde das Unfassbare hatten verstehen wollen. Es hatte nichts genützt, die ganze Theorie, die Streitkultur auf dem Schachbrett, nichts, der gute Wille, nichts. Sie wollten anders sein, doch es gelang ihnen nicht, das Herz war nicht beteiligt. In Deutschland schien alles im Gleichgewicht, doch hier, im Land ihrer Ahnen, kippte plötzlich diese Balance, und der Freund wurde zum Feind.

In der Nacht gingen sie aufeinander los. Am Strand. Als Saša ein Messer in Karlos Hand sah, entwickelte er im Bruchteil einer Sekunde eine solche Kraft, dass er es ihm entreißen und in hohem Bogen ins Wasser werfen konnte. Sie prügelten sich bis in die Morgenstunden. Ein paar halbwilde Hunde, die vorbei kamen, trieben sie mit ihrem Gebell auseinander.

3. SAŠA SPRICHT MIT SICH

Damals hatte ich plötzlich den blanken Hass eines Feindes zu spüren bekommen. Hätte ich nicht so schnell reagiert, und ihm das Messer entrissen, dann hätte ich diesen Zweikampf vielleicht nicht überlebt. Wer hatte angefangen? Habe ich mich nur verteidigt? Schier endlos, diese Prügelei. Erst, als die Hunde sich in den Kampf einmischten, ließen wir voneinander ab. Kein Wort danach, weder von ihm, noch von mir.

Meine Blessuren verheilten innerhalb weniger Wochen. Dennoch breitet sich bis heute ein Unbehagen in meinem Körper aus, wenn ich an diesen Vorfall denke.

Ich verstand nichts, gar nichts. Später habe ich versucht zu analysieren, ob nicht schon früher Anzeichen von Hass gegen mich von Karlos Seite zu spüren waren. Nun ja, beim Schachspiel wurde er oft aggressiv, aber das habe ich nie so ernst genommen. Mein Gott, es war doch eine Leistung für uns als Kinder, den Hass der Eltern zu überwinden!

Bei Sonnenaufgang packte ich meine Sachen zusammen und entfernte mich. Ich erinnere mich, der Tag schien schön und strahlend zu werden. Doch die Reise wurde nun für mich eine Reise zu den Fragen dieser Welt. Als ich die Grenze zu Bosnien überschritt, konnte ich plötzlich wieder durchatmen. Etwas fiel von mir ab, was mich in Kroatien bedrückt hatte: diese Enge der Gedanken, dieser Hass auf alles Fremde. Der Ort meiner Geburt, meine Wurzeln waren mir nicht mehr wichtig. Heimat? Meine eigene Herkunft wurde mir zur Fremde. Ich musste jetzt alles neu überdenken. Dazu brauchte ich Zeit und eine andere Sicht der Dinge. Meine Neugier auf das, was ich nicht wusste, wuchs.

Die berühmte Brücke von Mostar ist neu, und doch kennt sie die Geschichte der Menschheit, Krieg, Hass, Zerstörung, aber auch die Fähigkeit, Grenzen zu überwinden. Man hat sie nach dem Beschuss durch den kroatischen General Slobodan Praljak neu errichtet, ebenfalls mit UNESCO-Mitteln, denn sie gehört wie Dubrovnik zum Weltkulturerbe. Auf ihrem wieder aufgebauten steinernen Bogen traf ich einen muslimischen Jungen meines Alters. Er führte mich in die Berge von Mostar. Nermin erzählte mir von den Granaten und der Zerstörung, die er als kleiner Junge miterlebt hatte. „Die Panzergranaten wurden von hier oben abgeschossen." Und dann fügte er zwei wunderbare Sätze hinzu: „Weißt du, Bosnien ist noch heute wie das ehemalige Jugoslawien, nur in klein. Muslime, Orthodoxe und Katholiken, wir haben uns immer gut verstanden."

Wieder unten angelangt, am smaragdgrünen Gebirgsfluss Neretva, legte ich ein Gelübde ab: Nicht aufgeben! Niemals aufgeben! Ich schwor, nach dem Studium für Frieden und Völkerverständigung zu arbeiten. Wie, das wusste ich zu dem Zeitpunkt noch nicht.

Nermin hatte ein klappriges Auto, und ich hatte noch ein paar Euro. Es war kein Problem, sich mit ihm auf Serbokroatisch zu verständigen. Er reiste mit mir durch sein Land. Er brachte mich nach Počitelj, einem Künstlerdorf, und zu dem geheimnisvollen Ort der Buna-Quelle, das Herz des südlichen Europas. Nermin machte mich aufmerksam auf die „Stećci", mittelalterliche Grabsteine, die sich an den Gebirgsketten im ganzen Land fanden. Die Inschriften erzählen Geschichten von Leid und Krieg aus vielen Jahrhunderten. Doch in der flirrenden Stille des

Mittags war es, als ob ich mit dem fast vertrockneten Gras zwischen den Steinen auch den Frieden wachsen sah.

Schließlich kamen wir auch nach Sarajevo, wo Nermins Eltern zu Haus waren. Und besonders in Sarajevo spürte ich so etwas wie Aufbruch, obwohl die Wunden des Krieges immer noch sichtbar waren. Ich wurde sehr warmherzig von Nermins Familie aufgenommen.

Auf der Reise habe ich oft an das Mädchen aus der Goethestrasse denken müssen, in das Karlo und ich verliebt waren. Karlo hatte jetzt eine kroatische Freundin. Zurück in Wetzlar, rief ich Karina an, um ein Rendezvous zu vereinbaren. Ich erfuhr, dass sie sich in Beograd aufhielt, um sich auf ein Slawistikstudium vorzubereiten.

Erst ein halbes Jahr später begegneten wir uns im Café am Dom. Was soll ich lange erzählen? Es würde ein Roman werden. Nur soviel: es ist alles ganz einfach. Wir gehören zusammen. Und dass auch noch unsere Pläne nach dem Studium fast übereinstimmen, ist überwältigend. Ihre Eltern, meine Eltern – man bedenke, welch unterschiedliche Kulturbereiche! – sind Freunde geworden. Sie planen sogar eine gemeinsame Reise nach Dubrovnik und Sarajevo.

Karina und ich dachten von Anfang an über einen gemeinsamen Weg nach. Sie dachte mehr an den theoretischwissenschaftlichen Bereich und begann ein Studium für Slavistik in Leipzig, um die historischen Probleme des Balkans besser verstehen zu lernen. Ich überlegte, wie ich meine Ziele praktisch verwirklichen konnte. Theologie, Philosophie, Geschichte, Politik, alles interessierte mich. Aber ich wollte ja etwas erreichen, umsetzen. Ich stellte mir die Frage: kann ich mit Journalismus etwas bewegen oder gar verändern?

Der Chefredakteur der Wetzlarer Neuen Zeitung, aus Ungarn stammend, beim Aufstand in Budapest gegen die russische Miliz nach Deutschland geflohen, unterstützte mich darin. Er gab mir die Möglichkeit, während meines Studiums der Europäischen Geschichte und Publizistik an der Universität Giessen ein Volontariat an der Zeitung zu machen. Er schickte mich zu den schwierigsten Veranstaltungen, damit ich darüber schrieb. In seinem Einführungs-Seminar „Volontär der Woche" zerfetzte er eine Woche lang meine täglichen Berichte. „Was ist denn das für ein langweiliges Gelaber? Wenn du etwas bewegen, Menschen dazu bringen willst, das zu tun, was du für notwendig hältst, dann musst du in das Problem hinein stechen. Nur so kommst du an den Kern der Sache, die Wahrheit. Jeden Monat wiederholte sich diese wöchentliche Disziplinierung, zwei Jahre lang. Eine harte Schule. Doch sie war und ist die Basis für meine weitere Entwicklung.

Nach Abschluss des Studiums: Lokalredaktion an der Hessischen Allgemeinen in Kassel. Dann vor zwei Jahren – es war ein Glücksfall und ein gewaltiger Sprung! – Aufbruch nach München zur Süddeutschen Zeitung, in die die Politische Redaktion.

Auch Karina hatte Glück. Sie bekam eine Assistentenstelle am Institut für Slawische Philologie in München. Vor ein paar Jahren haben wir geheiratet. Wir wohnen jetzt in einem der schönen Vororte von München.

Ich weiß, das klingt alles sehr solide und konservativ. Wo sind meine Träume, wo ist mein Versprechen geblieben? Ich muss Geduld haben. Mein Wunsch ist es, demnächst in einem der Balkanländer als freier Korrespondent zu arbeiten. Das sollen nur eine Vorbereitung und ein Übergang zu meinem Traum sein. Ich möchte Zeitungsverleger aus verschiedenen Balkanländern davon überzeugen, dass es lohnenswert ist gemeinsam eine überregionale Zeitung zu gründen. Die Redaktionen werden in

Sarajevo, Zagreb und Beograd sein. Warum sollte das nicht gelingen? Was in der Wirtschaft funktioniert, auch nach dem Krieg – warum sollte das nicht auch auf anderen Gebieten möglich sein? Weine aus Kroatien, ebenso Eisen und Kupfer aus Serbien, Milchprodukte und Rindfleisch aus Bosnien, der grenzüberschreitende Austausch ist Alltag zwischen den Ländern. Nur kulturell und menschlich kommen wir nicht zusammen. Wenn ich mir überlege, wie viele junge Künstler, auch Schriftsteller aus Kroatien, Bosnien, Serbien präsentieren ihre Kunst, ihre Romane in Deutschland und anderen europäischen Ländern, sogar in den U.S.A., nur in den angrenzenden Balkanländern können sie ihre Arbeit nicht vorstellen. Die unterschiedlichen verfeindeten Systeme verbieten es. Das ewige einander Nichtverstehen blockiert doch die Kreativität. Ich denke, es so wichtig, dass wir unsere Gedanken austauschen trotz streng getrennter Sprachen und Religionen. Ich glaube, die Balkanzeitung könnte eine wunderbare Brücke sein zwischen den unterschiedlichen Kulturen. Das, was uns in Titos Jugoslawien vereinte, von oben verordnet, am Ende doch gescheitert, das müsste nun aus einem eigenen inneren Bedürfnis nach wechselseitiger Annäherung entstehen. Ist das so unmöglich? Was ist mit der Jugend, mit der nächsten Generation? Ein Filmfestival in Beograd oder die serbische Undergroundband ist für die Jugend in Zagreb genauso interessant wie der Popsänger aus Kroatien für die Fans in Beograd und Sarajevo. Ein großes Ziel, ich weiß, keine leichte Aufgabe, aber ich denke ständig an die Umsetzung dieser Vision.

Karina möchte dem Ursprung der slawischen Sprachen näher kommen und darüber ihre Doktorarbeit schreiben. Das passt doch großartig zusammen! Insgeheim planen wir schon den Umzug nach Sarajevo. Ich habe große Hoffnungen.

4. KARLO SPRICHT MIT SICH

Was soll ich schon groß zu dieser Prügelei sagen? Die Sache mit dem Messer, damals am Strand von Pelleschatz? Er denkt sicher, ich wollte ihn umbringen. Ich gebe zu, ich wollte ihn loswerden. Ich war dann froh, als er endlich abhaute, ohne ein Wort. Er störte in jeder Beziehung, bei meinen Verwandten, bei meinen Freunden, an allen musste er sich reiben. Und dann seine ewigen Grübeleien dauernd, woher wir kommen, wohin wir gehen...

Er nervte mich total. Mehr noch, ich fing an, ihn zu hassen. Darüber erschrak ich später selbst. Diese Gefühle kommen ja nicht von heute auf morgen. Ich denke, Hass, der so alt ist, sitzt eben in den Knochen. Mit Religionsunterschieden hat es, glaube ich, nicht so viel zu tun. Womit eigentlich? Ich gestehe, es gibt manchmal Zeiten, da kenne ich mich selbst nicht.

Ich begegnete dann Jagoda, einer echten Kroatin aus einer uralten angesehenen Familie von Pelješac. Saša war ständig gereizt, wenn sie auftauchte. Klar, dass ihre Familie aus dem Nachbarort ihn total ablehnte. Immerzu gab es Probleme mit ihm. Okay, er ist hier geboren. Aber was heißt das schon? Das gibt ihm als Serben noch lange nicht das Recht auf Heimatgefühle in Kroatien. Dafür waren ihre Verbrechen zu groß, wenn ich nur an die Belagerung von Dubrovnik denke. So gesehen brachte der Krieg die Wahrheit zu Tage, nämlich, wer hierher gehört und wer nicht.

Die Zeit in Wetzlar damals, in der Fremde, das war was anderes. Vielleicht gab es sogar Freundschaft zwischen Saša und mir, – streckenweise. Allerdings, seine Wahrheitssuche ging mir schon damals auf den Geist. Besonders beim Schachspiel. Dieses ewige Fairness-Getue! Kampf ist

Kampf, und ich wollte mein Terrain verteidigen, um jeden Preis. Wir haben uns deswegen oft gestritten. Ich weiß auch, dass ich der bessere Schachspieler bin. Trotzdem haben wir uns jedes Mal wieder vertragen. Natürlich wollte ich damals anders sein als meine Eltern. Ich würde es heute als eine Art Trotzhaltung bezeichnen. Wir waren einfach noch nicht ganz ausgegoren.

Aber hier in Kroatien bin ich erwachsen geworden. Meine Wurzeln sind tief in der kroatischen Erde verankert. Alle meine Sinne sind hier angesprochen. Der Mensch braucht ein Stück Erde, das ihm gehört. Es sollte dort sein, wo seine Wurzeln sind. Genau dort, wo Ahnen und Ur- und Ur-Urahnen über Jahrhunderte darum gekämpft haben.

Nun ja, ich strebte Besitz an. Für wen? Für meine Kinder. Für meine Familie. Für die Stabilität meines Landes. Was ist daran schlimm? Okay, bin ich eben ein Spießer, ein Kapitalist. Aber ich bin ein guter Kapitalist. Politisch engagiere ich mich zwar nicht, doch mit meinen Hotels hier auf den Inseln zwischen Mljet und Dubrovnik, die gerade touristisch entwickelt werden, schaffe ich Arbeitsplätze und Umverteilung. Außerdem fördere ich Schulprojekte. Insbesondere unterstütze ich die Bemühungen der Sprach-Behörde, damit meine Kinder ein reines Kroatisch lernen. Demnächst werde ich mich auch beim Straßenbau in meiner Region beteiligen. Die Küstenstraße muss einfach besser ausgebaut werden, auch die Straßen auf den Inseln, und wir brauchen Umgehungen für die Ortschaften, damit sie ihren typischen Charakter bewahren und nicht zu viele von den uralten Bäumen verloren gehen. Manche stammen ja noch aus der Römerzeit.

In Deutschland habe ich Volkswirtschaft studiert, doch schon während des Studiums fing ich an, mich in meinem Land umzusehen, am Meer natürlich. Im Laufe der späteren

Jahre, in Zusammenarbeit mit einem deutschen Investor konnte ich wunderschöne Grundstücke erwerben. Heute besitze ich die Mehrheit an drei Hotels. Im Schnitt verbringen hier ca. 60.000 Touristen im Jahr aus ganz Europa ihre Ferien. Auch Serben kommen, Serben, die hier einst gelebt haben. Sie versuchen, ihre Häuser und Grundstücke zu verkaufen, und ich biete ihnen den hier üblichen Preis. Dann reisen sie wieder ab. Nein, Serben werden hier nicht wieder ansässig. Das schwöre ich. Dafür ist zuviel passiert in diesem Land. Als Gäste sind sie mir natürlich willkommen, in allen drei Hotels. Nur, die Währung heißt hier Kuna und demnächst Euro. Und wenn sie den Mund nicht halten können und dauernd die alten Ustascha-Kamellen aus der Hitlerzeit wieder aufwärmen, dann werde ich böse. Wir sind eine katholische demokratisch verfasste Nation am Mittelmeer, wie Italien, Frankreich, Spanien, Portugal. Nicht mehr und nicht weniger.

Mit Jagoda habe ich inzwischen drei Kinder. Sie gehen auf eine katholische Schule und werden christlich erzogen. Später werden sie in den U.S.A. oder in Deutschland studieren.

Zweimal im Jahr besuchen wir die Eltern in Wetzlar. Die Klassentreffen in Wetzlar interessierten mich zwar nicht, aber wie ich höre, engagiert sich Saša als Journalist in Sachen Völkerverständigung und Weltfrieden. Passt zu ihm. Ich weiß, er will Frieden auf dem gesamten Balkan, um die Geschichte zurückzudrehen. Das wird ihm nicht gelingen, weder ihm noch den übrigen Titoismus-Träumern. Und hier in Kroatien hat er schon gar nichts verloren. Frieden möchten wir auch, aber auf unsere Art – national eben, wie die Iren und die Basken. Denen spricht ja auch keiner das Recht ab, sie selbst zu sein. Nur die alten Kolonialmächte. Oder wie?

Bald möchte ich meine Eltern nach Kroatien holen, damit sie hier ihren Lebensabend verbringen können, so, wie es ihnen zusteht. Auf jeden Fall mit mehr Luxus als in Deutschland.

5. ZEHN JAHRE DANACH

Wetzlar, Wochenmarkt am Samstag unterhalb des eindrucksvollen Doms. Da zeigt sich die Kleinstadt von ihrer unterhaltsamsten Seite. Die Menschen sind unbekümmert, sie denken nicht daran, was das Pflaster unter ihren Füßen zu erzählen hat. Hier haben im Laufe der Jahrhunderte jede Art von Hinrichtungen und kriegerischen Auseinandersetzungen stattgefunden. Doch jetzt ist Frieden, und der Markt ist bunt und vielfältig. Bauern aus der Umgebung, aber auch Türken, Griechen, Italiener bieten ihre Produkte an. Linke, Rechte und Liberale der lokalen Parteien werben einträchtig nebeneinander für die bevorstehende Wahl.

Saša war am Wochenende nach Wetzlar gekommen, um sich um seine kranken Eltern zu kümmern. Eine schwere Grippe hatte beide erwischt. Karina bereitete sich gerade auf ein Referat vor, deshalb hatte sie es vorgezogen, in München zu bleiben.

Er war dabei, auf dem Markt noch einiges an frischen Lebensmitteln für seine Eltern einzukaufen. Für seine Mutter hatte er schon einen bunten Blumenstrauß im Arm, da entdeckte er am Gemüsestand noch ein paar besonders schöne Zuchini und Paprikaschoten für ein Balkangericht. Doch er war nicht der einzige. Neben ihm stand ein Mann, der gerade seinen Einkauf bezahlte. Die Stimme war unverkennbar, unverändert. Der Mann fühlte sich beobachtet, schaute zur Seite. Saša erkannte ihn sofort. Es war Karlo. Die unverhoffte Begegnung war die erste seit zehn Jahren.

Im selben Moment war alles wieder da, nichts war vergessen, nichts ausgelöscht. Beide warteten sie darauf, dass der andere etwas sagte. Sie standen voreinander, sie schauten sich an, unbeweglich, keiner reichte dem anderen die Hand. In dieses schier endlose Schweigen hinein hörte sich Saša plötzlich mit scharfem Unterton sagen: „Warum wolltest du mich eigentlich in jener Nacht am Strand umbringen?"

Karlo wurde kreidebleich, er bebte am ganzen Körper, er riss seine Einkaufstüten an sich, als wollte er sich damit schützen, wandte sich um, ging ein paar Schritte. Dann blieb er stehen. Sein gebeugter Rücken, seine ganze Haltung drückten aus: *Stell bloß keine Fragen!*

Dann plötzlich, ruckartig, drehte er sich wieder um, ging auf Saša zu und fragte mit zitternder Stimme: „Was hältst du von einer Schachpartie, morgen abend im Café am Dom, 20.00 Uhr?"

Anneliese Dick

Jutta Beil

Zehn Jahre danach

Emina Čabaravdić-Kamber

Damals, 1990, als Selma zum vorläufig letzen Mal nach Jugoslawien fuhr, ahnte sie nicht, dass sich ihre Heimat kurz vor dem Zusammenbruch befand. Dort empfing sie ein Schweigen ihrer Familie, das schwer zu erklären war. Die übliche herzliche Begrüßung bei Wiedersehen blieb aus. Eine unerträgliche Stummheit und die leisen Stimmen verunsicherten Selma so sehr, dass sie anfing zu schreien, um sich zu vergewissern, dass kein Todesfall in ihrer Familie eingetreten war. Aber was sonst? Die Geschwister ahnten etwas, soviel war gewiss. Im Elternhaus wurde nur noch leise gesprochen. Die Radio- und Fernsehnachrichten beschränkten sich auf Meldungen aus dem Ausland. Über die Innenpolitik Jugoslawiens und über kulturelle Ereignisse wurde nichts gesendet. Seit Tagen laufen auf allen Sendern die gleichen Meldungen, erzählte eine von Selmas Schwestern leise.

Die Luft roch nach Blei, und niemand wollte es wahr haben. Zweifel am Frieden nistete sich ein. Bosnien spürte die drohende Isolation.

Im Sommer 1991 brach der Krieg aus, erst in Slowenien, dann in Kroatien. Allzu eilig vollzog die BRD die Anerkennung beider als unabhängige Staaten. Im April 1992 schlugen die ersten Granaten in Bosnien ein. Grenzen wurden geschlossen. Für Jugoslawen, die im Ausland lebten, war plötzlich eine Heimreise nicht mehr möglich.

Die Flüchtlingswelle erreichte Hamburg und damit auch viele Hamburger Familien, die Vertriebene und Flüchtlinge in ihren privaten Häusern und Wohnungen aufnahmen. Allein in Selmas Haus wurden zuerst zwölf Menschen untergebracht, darunter sieben Kinder. Ihre Flucht hatte endlich ein Ende.

Der Krieg dauerte fünf Jahre. Selma war von ihren Geschwistern abgeschnitten. Keine Anrufe, keine Briefe. Sie lebte in Hamburg und fühlte sich wie verbannt. Oft fragte sie sich mit welchem Recht sie jeden Morgen ohne Granatenhagel erleben durfte, zweitausend Kilometer entfernt von dem Unheil, dem ihre Heimat ausgesetzt war.

Bosnien und Herzegowina wurde mitten im Krieg als unabhängige Republik anerkannt. Doch an den Fronten wurde weiter gekämpft. Konzentrationslager existierten immer noch, die Vertriebenen lebten unter Zelten, in Luftschutzkellern. Noch immer starben täglich Menschen.

Ihr Wunsch, die Familie wiederzusehen, wurde von Tag zu Tag größer.

Es folgten noch weitere drei Jahre der Ungewissheit, und so waren am Ende volle acht Jahre vergangen, seit der Krieg ausbrach.

In Bosnien begann die Nachkriegszeit. Da entschloss sich Selma, mit ihren Kindern wieder in die Heimat zu fahren.

Sie machte sich an die Vorbereitung der Reise. Von den Nachbarn in Bosnien, die schon wieder Telefon im Haus hatten, hatte sie erfahren, wie es ihrer Familie ging. Sechs ihrer Geschwister hatten den Krieg überlebt.

Schließlich kam der Tag der Abreise.

Schon während der Fahrt auf der deutschen Autobahn zerbrachen sie sich den Kopf darüber, was an den neuen Grenzübergängen wohl mit ihnen passieren würde. Nach einer reibungslosen Fahrt durch Deutschland und Österreich erreichten sie die slowenische Grenze. Selma hatte ein komisches Gefühl im Magen. Der Grenzübergang war leer. Gerade mal drei Autos fuhren hinter ihr – weit und breit kein Urlaubsstress zu spüren. Vor dem Krieg mussten die Jugoslawen, wenn sie an dieser Grenze angekommen waren, stundenlang im Stau warten, und auf einem Schild stand: *Bitte Motor abstellen*. Jetzt gab es dieses Schild nicht mehr. Selma kurbelte ihr Fenster runter, grüßte wie üblich *dobro veče* und gab dem Grenzpolizisten die Pässe. Keine Begrüßung, keine Reaktion. Auf die erste Frage: „Haben Sie etwas zu verzollen?" – natürlich auf Slowenisch, das sie verstand – antworte Selma in bosnischer Sprache, die er ebenfalls verstand. So tauschten sie zwei, drei Sätze aus, jeder in der jeweiligen Sprache. Die Kinder auf dem Rücksitz spürten eine Spannung im Mutters Gesicht. Selma selbst glaubte, endlich wieder in der Heimat zu sein, und war doch in einer anderen Welt angekommen. Dann gab der Zollbeamte das Zeichen zu Weiterfahren. Sie verließen den Grenzbereich und fuhren davon, Richtung Kroatien.

Schon diese erste Begegnung in der nunmehr gespaltenen Heimat gab ihr und den Kindern eine Vorahnung dessen, was noch auf sie zukommen würde. Schmerz bemächtigte sich ihrer. Sie erinnerten sich auf ihre Fahrt durch die

Städte Sloweniens an etliche jugoslawische Reklamen, die ihnen früher als Wegweiser gedient hatten, von denen aber jetzt keine Spur mehr zu sehen war.

Früher war Selma die Strecke in einem durchgefahren, ohne Pausen. Kaum hatte sie abwarten können, die erste Rast in einem Restaurant an der slowenischen Grenze einzulegen, denn dort gab es außer Heimatluft noch einige traditionelle jugoslawische Speisen wie *ćevapčići* oder *pljeskavica*. Das Restaurant hatten die Kinder sofort erkannt, aber unter anderen Namen: Motel und Restaurant Ljubljana. Das Wort „jugoslawisch" existierte nicht mehr, die Nationalgerichte, die es überall im Selmas Heimatland gab, waren in Slowenien plötzlich aus den Speisekarten verschwunden. Es waren jetzt „Balkan-Gerichte".

In diesem Augenblick wurde Selma klar, dass sie ihre Heimat für immer verloren hatte.

Ohne gegessen zu haben, fuhren sie weiter in Landesinnere.

Auf den Straßen von Ljubljana sahen sie viele Frauen mit Kopftüchern in der Menschenmenge, ein Zeichen dafür, dass eine große Zahl bosnischer Flüchtlinge in Slowenien lebte. Diese Frauen trugen Trauer. In Bosnien binden die Frauen ein Tuch um, wenn jemand aus der Familie stirbt – sie tragen sonst keine schwarzen Kleider und oder schwarze Tücher. Sie fielen auch deshalb auf, weil sie mit Lebensmitteln voll beladene Einkaufstüten trugen, auf denen das Logo eines billigen Supermarktes zu lesen stand. Doch hin und wieder sahen sie in der Menge auch gut gestylte slowenische Damen auf hochhackigen Schuhen und in Pelzmänteln. Wie auf einer Promenade flanierten sie mit den Krokotaschen unter den Armen. Als wären sie auf einer Modenschau, Mama! sagte ihre jüngere Tochter.

Selmas Vorfreude auf das Wiedersehen mit der Heimat

schwand dahin, und alle im Auto wurden immer schweigsamer. Esst etwas, Kinder! sagte sie. Die belegten Brötchen, die sie für die Reise in Hamburg zurecht gemacht hatte, schmeckten ihnen offenbar sehr gut. Selma selbst spürte keinen Hunger. Ihr war nur noch übel. Sie fuhr weiter und fühlte sich in der ehemaligen Heimat wie eine Fremde.

Um Bosnien zu erreichen, mussten sie wieder über eine Grenze.

Die Straßenschilder nach Kroatien zeigten in zwei Richtungen. Ein Schild wies den Weg über Dörfer und Städte, ein anderes zeigte den Weg zur Küstenstraße. Selma wählte die Schnellstraße durch das Innere des Landes. Kurz danach erreichten sie die ersten Bilder des Krieges. Selmas Kinder konnten nicht fassen, was sie sahen: angeschossene Häuser, zerschlagene Fensterscheiben, zerstörte Dächer, Brandmale auf den Hauswänden. Und kaum Menschen auf den Straßen. Kein Wunder, denn sie fuhren durch ein Gebiet, das früher von Serben bewohnt gewesen war. Gespenstisch die Krajina: jedes zweite, dritte Haus war mit einem Schild versehen, *Zu verkaufen* oder *Zu tauschen*. Selma fragte sich, ob die aus diesen Häusern Vertriebenen jemals wieder zurückkehren -, ob sie sich aus Asche und Schutt ein neues Leben aufbauen würden oder aber im Koševo, wo sie als Flüchtlinge untergekommen waren, den Rest des Lebens verbringen müssten.

Doch je tiefer sie ins Landesinnere fuhren, desto mehr Autos kamen ihnen entgegen. Nagelneue Autos, wie Selmas Tochter feststellte. Sie las die Kennzeichen, nannte immer wieder die Automarken und nickte mit dem Kopf. Die Kinder fragten sich, wo diese Menschen wohl wohnten, wenn alles zerstört war. Wieso fahren hier alle nagelneue Autos? wollten sie wissen. Selma war einsilbig. Sie hatte es eilig, denn sie konnte es nicht abwarten, ihre Geschwister endlich wiederzusehen. Sie hatten einen bestimmten Ort auf der Halbinsel Pelješac in Kroatien als Treffpunkt gewählt. Im Elternhaus konnte sie sich zu diesem Zeitpunkt mit ihren Geschwistern nicht treffen. Der Frieden war in Bosnien immer noch sehr brüchig. Die politische Spitze dort war an einem friedlichen Zusammenleben von Christen, Orthodoxen und Muslimen nicht länger interessiert. Laut Dayton Plan sollte Bosnien in drei Kantone aufgeteilt werden, in denen die verschiedenen ethnischen Gruppen getrennt von einander leben sollten. Weil Selma schon einen deutschen Pass besaß, zugleich aber aus der bosnischen Staatsbürgerschaft noch nicht entlassen war, hätte sie eventuell Probleme bei der Einreise gehabt. Deshalb hatte sie vor der Reise mit ihrem Bruder gesprochen und ihn gebeten, Pässe auch für die anderen Geschwister zu besorgen, damit sie sich alle in Kroatien treffen könnten. Die Visa wurden von der kroatischen Botschaft nur für zwei Tage ausgestellt, doch die Ausreise der Familie war gesichert.

Und so geschah es!

Selma war schon auf der Halbinsel Pelješac angekommen, als ihr jüngster Bruder als erster aus Bosnien eintraf. Er stieg aus einem kleinen Lieferwagen aus, der, wie Selma später erfuhr, Kroatien täglich mit Milch und Käse aus Bosnien ansteuerte. Sie spürte ein kaum beschreibliches Glücksgefühl, als sie ihn sah: ihr kleiner Bruder! Die Kinder rannten über den Strand zu ihren Onkel hin, versuchten sich ihn um den Hals zu hängen. Er blieb einen Augenblick stehen und umarmte sie, eins nach dem anderen. Selma sah in seinem Gang eine Veränderung. Als er sie erblickte, schrie er ihren Namen. Sie umarmten sich und ließen sich nicht voneinander trennen. Die Tränen rollten über ihre Gesichter, und dann fingen sie an, furchtbar laut zu lachen – wie zu jener Zeit, als sie versuchten, jugoslawische Komiker zu imitieren. Die Begegnung war unvergleichlich. Doch dann bat er Selma, ihm einen Sitzplatz frei zu machen. Ja, sie hatte Recht gehabt: sein Gang war anders gewesen. Und bevor Selma überhaupt eine Frage stellen konnte, zog er das linke Hosenbein hoch und zeigte auf das von Granatensplittern zerschmetterte Bein. Plötzlich war es um sie sehr still. Selma und ihr Bruder hatten beide das Gefühl, eine Schweigeminute für all diejenigen, die im Krieg umgekommen waren, einlegen zu müssen.

Dann versuchte sie, ein Gespräch anzufangen. Stellte Fragen über Fragen. Ihr Bruder gab ihr auf direkte Fragen direkte Antworten. Doch auf ihre Frage, ob er ihr vom Krieg erzählen würde, blieb er still, als wenn er immer noch der Schweigepflicht unterläge. Schließlich war er fünf Jahre an der Front gewesen, was aber dort geschah, durfte auch sie als Schwester nicht erfahren. Die Zeit ist noch nicht reif, darüber zu sprechen, sagte er schließlich.

Die Kinder baten ihre Mutter um Erlaubnis, baden zu gehen, und bevor sie überhaupt etwas sagen konnte, waren sie alle schon im Wasser.

Selma wollte wissen, wie Bosnien nach den anstrengenden Jahren des Krieges aussieht, wie die Menschen dort leben, was sich verändert hat, wie viele Familienangehörige im Krieg umgekommen sind, haben jetzt alle genug zu Essen, und... und... und!

Der Bruder begann zu erzählen, doch seine Sprache wurde immer undeutlicher. Durch die einseitige und falsche Ernährung im Krieg hatte er viele Zähne verloren, und wie er berichtete, war das nicht nur ihm passiert. Vielen erwachsenen Menschen fielen die Zähne einfach aus, wie kleinen Kindern. Es gab kein sauberes Trinkwasser, man musste Regenwasser trinken. Das Wasser der Bosna war vergiftet. Die sogenannten Hilfsorganisationen schütterten die Medikamente aus dem Ausland, wenn das Verfallsdatum überschritten war, einfach in den Fluss. Die Eltern konnten die Kinder nicht mehr unter Kontrolle halten. Viele von ihnen tranken das Wasser. Danach kam es bei den meisten zu Haarausfall.

Das Land driftete in eine Katastrophe, und nichts änderte sich.

Selmas Bruder war grau und still geworden. Er wirkte abwesend. Sprach ganz leise, beinahe flüsternd. Am Ende bat er sie, ihren deutschen Freunden und Kollegen über das Nachkriegselend in Bosnien zu berichten. „Die Politik ist wie immer mit anderen Dingen beschäftigt", sagte er, doch in Bosnien wird die Menschheit lebendig begraben. Unsere Stadt Kakanj müsste zur Katastrophenstadt ausgerufen werden. Er bat sie um Hilfe. Nicht für ihn, wie er sagte. Die Kinder seien in Gefahr.

Er denkt nach und erzählt weiter: Mitten in der Stadt ist eine Zementfabrik gebaut worden. Die Schornsteine haben keine Filter. Jedes zweite Kind hat Probleme mit dem Atmen. Die Eltern haben heftig protestiert, doch die Politiker halten ihr Wort nicht. Alte Leute gibt es kaum noch. Die Menschen erreichen kein hohes Alter mehr. Ein fast noch größeres Problem ist das Elektrizitätswerk. Dessen Schornsteine haben auch keine Filter. Wenn nachts das Werk in Betrieb ist, dann wissen die Bewohner, am nächsten Tag wird der Staub die ganze Stadt erreichen. Man darf nicht beim offenen Fenster schlafen. Die Menschen ersticken in ihrem Unheil.

Vier Epidemien seien zur Zeit in ihrer Stadt ausgebrochen, erzählt der Bruder. Im Krieg hatten wir Hunger, und doch haben wir überlebt. Jetzt werden wir biologisch zerstört, in der sogenannten Demokratie.

Er wünscht sich, gehört zu werden. Er selbst hat keine Kinder, aber er erlebt tagtäglich, wie die Kinder ins Krankenhaus abtransportiert werden. Früher, unter Tito, hat es für Kranken und Kinder staatlich unterstützte Erholungsheime gegeben, doch heute sind wir von solchen Zeiten weit, weit entfernt. Wieder wird er nachdenklich. Er fragt sich, ganz leise, was das für Zeiten sind, in denen wir jetzt leben. Er ist verzweifelt und hilflos. Wie ein Kind, seines Lächelns beraubt, lehnt er sich an Selmas Schulter und schweigt.

Selma kann die ganze Zeit nichts sagen, aber sie spürt, wie in ihr Wut und Zorn aufsteigen. Sie verspricht ihm, über alles, was er ihr erzählt hat, einen Bericht zu schreiben und an die Öffentlichkeit weiterzugehen. Sie hat langsam Hunger und fängt an, für alle etwas zu Essen vorzubereiten. Die Kinder kommen aus dem Wasser, setzen sich neben ihren Onkel hin wartend auf das Essen. Da macht Selmas Bruder sein Bündel auf und holt geräucherten Käse und selbstgebackenes Brot heraus, das er aus Bosnien mitgebracht hat. Ich will nie wieder hungern, sagt er mit entschlossener Stimme, hörst du, Selma, nie wieder!

Und nun kam doch langsam zum Vorschein, wie grausam der Krieg gewesen war. Als er an der Front war, ließen die Regierenden ihn und seine Truppe tagelang hungern. Er erzählte, wie sie verzweifelt Gras und Baumrinde gekocht hatten, um überhaupt etwas Warmes in den Leib zu bekommen. Monatelang blieb er an der Front, trug ununterbrochen die Kampfstiefel. Erst wenn er für einen Tag nach Hause durfte, um sich umzuziehen und sich waschen zu können, zog er die Stiefel aus. Seine Strümpfe waren dann von Nässe und Schweiß regelrecht zerfressen. An seinen Knöcheln hingen die zerfetzten Strumpfreste. Stets wurde er von sogenannten Kontrolleuren nach Hause gebracht, die ihn danach auch wieder zurück an die Front begleiteten. Den Gedanken, jemals auszubrechen, verwarf er als völlig sinnlos.

Seine Worte klingen immer noch in Selmas Ohren. Jedes Mal, wenn sie beim Essen ist, überkommt sie der drängende Wunsch, ihr Brot mit anderen zu teilen.

So saßen sie alle am Strand unter einigen Schatten spendenden Pinien. Selma und die Kinder breiteten ein Tuch auf einer Bademattte aus, und alles was sie mitgebracht hatten, lag nun zum Essen bereit. Ihr Bruder aß gierig, den Blick auf den Teller gerichtet. Er trank das Wasser in einem Zuge, ohne abzusetzen, als hätte er Angst, jemand könnte ihm Essen und Trinken wegnehmen. Die Kinder machten sich über den bosnischen Käse und die Wurst her, doch aßen sie wenig, damit für ihren Onkel etwas Proviant für die Rückreise übrig bliebe.

Selma erinnerte sich, wie sie, elf Kinder, an einer Tafel gesessen und allesamt aus einem Topf gelöffelt hatten. Wie ihr kleiner Bruder immer sehr langsam gegessen hatte. Doch der Krieg hat ihn verändert. Sie sah ihm nur zu. Sie brauchte kein Essen, kein Trinken. Er sollte alles nachholen, was er versäumt hatte.

Der Tag neigte sich dem Ende zu, die Abenddämmerung zog über die nahen Berge und in der Badebucht wurde es abrupt dunkel. Sie packten ihre Sachen und fuhren in das nächste Dorf, wo Selma für die Übernachtung gesorgt hatte.

Am nächsten Tag kamen die übrigen Geschwister. Ein Kleinbus hielt an der Promenade. Selma sah sie aus dem Wagen steigen, hielt die Hände vor den Mund und weinte. Sie sind tatsächlich gekommen! Wie sie sich das Geld für die Reise zusammengekratzt und die Reisepässe erlangt hatten, damit sie zum ersten Mal seit acht Jahren aus Bosnien ausreisen konnten, das alles war in diesem Augenblick unwichtig. Sie haben es geschafft! Einige von ihnen haben ihre Enkelkinder mitgebracht, die zum Glück Krieg und Nachkrieg überlebt hatten. Das Wiedersehen war glücklich und schmerzlich zugleich.

Selma wählte wieder den Platz unter den Pinien. Ihre Blicke wanderten von einem Gesicht zum anderen und sie versuchte, darin die Züge ihrer Vorfahren zu entdecken. Ihr war, als hätten ihre Geschwister früher eine Ähnlichkeit mit Mutter oder Vater gehabt. Doch Krieg, Hunger und Not hatten die Gesichter entstellt. Für Selma waren sie fast schon verlorene Geschwister gewesen. Sie hatte nicht geglaubt, dass sie sich je wiedersehen würden. Ihr grosser Bruder – die Schwestern nannten ihn so, denn nach dem Tod des Vaters hatte er die ganze Verantwortung für die Familie übernommen – fing plötzlich an zu erzählen. Doch erst kramte er eine Flasche *šljivo* aus seinem Bündel hervor und nahm einen kräftigen Schluck. Seine Hände zitterten, und Selma spürte wieder diesen tiefen Schmerz. War denn hier niemand unversehrt?

Ihr Bruder, früher ein korpulenter, energischer Mensch, war, wie es schien, zu einem seelischen Wrack geworden. Früher hatte er als Offizier der Jugoslawischen Luftwaffe gedient. Doch in diesem Krieg wurde er nicht an die Front geschickt, sondern er wurde, da er einen kranken Sohn hatte, im Ort beim Militärstab eingesetzt, der die Kontrolle über die Stadt ausübte. Auseinandersetzungen mit den regierenden Politikern blieben ihm nicht erspart. Oftmals widersprach er der politischen Macht, bis man ihn als „inkompetent" entließ. Er versuchte von zu Hause aus, die Menschen zu warnen. Daraufhin bekam er Drohbriefe.

Seine Stimme war voller Verzweiflung: hätte man auf ihn gehört, klagte er, wären viele noch am Leben. Sein

Wissen darüber, wie die Zivilbevölkerung im Krieg zu schützen ist, noch von seinem Studium an der Militärfachhochschule in Zagreb stammend, interessierte die Politiker offenbar nicht: Sie nahmen in diesem Krieg die Tötung so vieler Menschen einfach in Kauf. Ihm blieb nur übrig, wenigstens die Nachbarn zu warnen.

Er rebellierte. Umgebracht haben sie ihn deshalb nicht. Doch seine Narben werden nicht heilen, und was er in seinem Kopf bewahrt hat, wird er nie vergessen. Denn der Krieg konnte ihm nicht die Vernunft nehmen.

Damals hat er auch seine Frau verloren. Ihm sind nur noch sein kranker Sohn geblieben und seine Überzeugungen – von denen keiner etwas wissen will.

Erleichtert, ihr endlich erzählt zu haben, was alles mit ihm passiert war, griff er wieder zur Flasche, doch in diesem Augenblick riss seine Enkelin sie ihm aus der Hand und schrie laut: Lass das, Großvater! Du darfst nicht trinken!

Selma fand das Verhalten des Mädchens bewundernswert. Die grausame Zeit des Krieges hatte sie als zehnjähriges Kind erlebt, gemeinsam mit ihm. Nur gelegentlich, wenn die Umstände es erlaubten, schmuggelten sie sich in der Dunkelheit bis zu ihren Eltern durch. Die Enkelin blieb ein paar Stunden bei der Mutter, dann schlich sie wieder mit dem Großvater zurück in die Stadt.

Wie eine Erwachsene versuchte sie die ganze Zeit, ihn zur Vernunft zu bringen, indem sie sagte, dass ihm das Trinken auch nicht helfen würde. Sie gab ihm zu verstehen, dass sie für ihn da sei und die übrige Familie auch.

Dieses erstaunliche Mädchen nahm jetzt das Wort. Sie erzählte Selma und ihren Kindern mit großer Unbeschwertheit, wie sie und viele Frauen während des Krieges das Essen aus der Stadt getragen hatten, um die Soldaten an der nahen Front zu versorgen. Die Frauen hatten gekocht und gebacken, was an Nahrung vorhanden war, und nachts, wenn das Granatfeuer und die Einschläge aufgehört hatten, krochen die Frauen, und sie mit ihnen über die dunklen Felder, um das Essen an die Soldaten zu verteilen. Jedermann wusste, dass die Regierung nur sehr selten Essen an die verschiedenen Frontabschnitte schickte. Die Soldaten blieben tagelang ohne Verpflegung. Sie hatten dann nur, was sie zufällig im Freien an Essbarem vorfanden.

Das Mädchen, den Blick fest auf den Großvater gerichtet, sagte leise: Ich will so etwas nie wieder erleben. Und wenn, dann werde ich zur Waffe greifen, um uns zu schützen!

Selma und ihre Kinder blieben sprachlos. Die Lust am Baden war ihnen vergangen. Die Entschlossenheit in den Worten des kleinen, erwachsenen Mädchens ließ sie verstummen. Sie lauschten ihr wie noch keinem zuvor. Sie kannten den bosnischen Krieg nur vom Fernsehen. In Hamburg hatten sie täglich die grausamen Bilder des Krieges mitverfolgt, doch das was sie eben gehört hatten, war ein Schock für sie. Was musstest du alles ertragen! sagte Selmas jüngere Tochter schließlich. Niemandem in Deutschland war bewusst gewesen, was in diesem Krieg gerade die Kinder alles durchgemacht hatten. Der Großvater unterbrach das Gespräch und fragte, ob sie nicht lieber alle schwimmen gehen wollten, doch keines der Kinder rührte sich vom Fleck. Sie wirkten alle sehr nachdenklich. Die Unterhaltung war stecken geblieben.

Plötzlich hörten sie die Glocke des Eismannes. Da hielt es sie nicht länger auf ihren Plätzen. Sie sprangen auf und rannten zum Eismann hinüber.

Das Mädchen fragte ihren Großvater, ob in seinen Reisekosten auch ein Eis für sie einkalkuliert worden sei. Da nahm Selma sie bei der Hand, und sie gingen gemeinsam zum Eismann auf die Strandpromenade. Dort warteten schon Selmas Kinder, denn sie hatten kein Geld mitgenommen. Auf dem Weg verriet das Mädchen, dass ihre Mutter sie deshalb mitreisen ließ, weil sie auf den Großvater aufpassen sollte. Er hatte angefangen zu trinken. Kein Wunder.

Für Selma war alles, was sie zu hören bekam, eine einzige Katastrophe.

Sie kaufte Eis für die Kinder und ging wieder zurück. Von den zwei Schwestern, die ebenfalls mitgekommen waren, hatte sie noch kaum etwas erfahren. Sie waren sehr schweigsam. Ihre Augen waren leblos. Sie hörten sich alles an – wer weiß, wie oft schon. Selma spürte, wie ihre Schwestern sich nach Ruhe sehnten. Ihre Augen blickten an ihr vorbei ins Leere. Um die eingetretene Stille zu durchbrechen, fing eine der beiden an, die Kinder einzusammeln.

Die Sonne tauchte langsam ins Meer ein. Am Strand wurde es still, nur die anebbenden Wellen waren noch zu hören. Die wenigen Menschen, die an diesem Wochentag in die Prapratno-Bucht zum Baden gekommen waren, fuhren nach und nach weg.

Doch vor der Rückreise wollte Selma mit ihren Geschwistern noch zusammen essen. Ihr Abschiedsessen bestand aus *čorba* – einer deftigen Gemüsesuppe. Abschließend tranken sie Mokka, wie es der Brauch war. Kurz danach kam auch der Kleinbus zurück, um sie abzuholen. Schnell packten sie ihre Sachen zusammen und kletterten in den Bus. Der Abschied fiel all zu schwer. Mit wenigen Worten und feuchten Augen sagten sie einander Lebwohl.

Der Bus mit zerschossenen Glasscheiben und von Granatensplittern durchlöcherter Karosserie fuhr mit ihren Geschwistern davon, Richtung Bosnien. Selma und ihre

Kinder blieben wie versteinert zurück. Ob sie sich je wieder sehen würden?

Am selben Abend begab sich auch Selma mit ihren Kindern auf die Rückreise nach Hamburg. Nichts hielt sie mehr hier. Sie hinterließ die Insel den Zypressen, die als Wächter der Nacht in den Himmel ragten.

Angela Reimann

Kriegskinder

Ellen Sell

> „Sogar die Hunde
> bellen nicht..."
> Berina Čehajić
> 11 Jahre

AUF DEM BALKAN

Begonnen hatte alles schon vor ein paar Jahren in einer Buchhandlung. Nele blätterte in einem antiquarischen Bildband vom ehemaligen Jugoslawien, den ein Stuttgarter Verlag 1985 herausgegeben hatte. Sie kaufte nicht nur den, sondern gleich noch einen Reiseführer von Bosnien dazu. Nach der Lektüre dieser Bücher war sie derart fasziniert, dass sie unbedingt dorthin wollte. Am liebsten sofort! Aber ihr Mann war kategorisch dagegen. „Ohne mich", sagte er. „Eine Reise in ein Land des Balkans halte ich unter den jetzigen Umständen für viel zu gefährlich."

Doch so schnell gab Nele nicht auf. Sie kannte Emina Kamber, eine bosnische Kollegin, die seit fast vierzig Jahren in Deutschland lebte. Emina war sowohl Schriftstellerin als auch Malerin und hatte in ihrem Elternhaus in Kakanj eine Malschule für kriegstraumatisierte Kinder und Jugendliche aufgebaut. Schon während des Balkankrieges hatte sie Hilfstransporte in ihre Heimat auf den Weg gebracht und allen Gefahren zum Trotz persönlich begleitet.

Als Nele erfuhr, Emina Kamber würde eine Lesung mit mehreren Autoren moderieren und selbst als Lesende auftreten, beschloss sie, die Veranstaltung zu besuchen. An dem Abend erlebte sie, dass Emina auch eine wunderbare Sängerin ist und zur Vertiefung der kulturellen Beziehungen zwischen beiden Ländern die deutsch-bosnische Kulturvereinigung „La Bohemina" gegründet hatte, von der viele Mitglieder im Publikum saßen. Nele genoss die wunderbare Lesung und unterhielt sich am Ende angeregt mit Emina. Der Gedanke, dass damit die Erfüllung ihres Reisewunsches schon in greifbare Nähe gerückt war, kam ihr nicht.

Ein halbes Jahr später fragte Emina bei ihr an, ob sie an einem Aufenthalt in einer Künstlerkolonie für Maler und Schriftsteller interessiert sei. Wie schon in den Jahren zuvor sollte sie auf der kroatischen Halbinsel Pelješac unweit von Dubrovnik stattfinden. Das Programm war verlockend: Sie würde bei mehreren Exkursionen Land und Leute kennen lernen. Und eine davon führte ins benachbarte Bosnien! Allerdings müsste sie auch eine Kurzgeschichte entwickeln, die sie zu Hause zu Ende schreiben könnte.

Natürlich wollte sie dabei sein!

Am 17. Juni 2007 war es endlich soweit. Am Flughafen von Dubrovnik empfing Emina Kamber ihre Reisegruppe – vier Malerinnen, zwei Schriftsteller und zwei Schriftstellerinnen. Nach anderthalb Stunden kurvenreicher Fahrt entlang der traumhaft schönen Küste erreichte die Gruppe die Bucht von Prapratno auf Pelješac und betrat erwartungsvoll die kleine, eigens für die Künstlerkolonie angemietete Pension.

Wenig später wurde Nele von Emina bis an ihr Zimmer begleitet. Ihr Blick fiel auf einen rosa blühenden Oleanderzweig, der mit einem Zettel an der Tür Nummer 9 befestigt war. Emina bat sie, die Tür selbst zu öffnen. Während sie den Schlüssel im Schloss drehte, las sie: „Liebe Nele: Herzlich willkommen!" Schon in diesem Augenblick fühlte sie sich in der Fremde zu Hause.

Sie betrat einen sonnendurchfluteten Raum. Die weit geöffnete Balkontür gab den Blick frei auf ein Stillleben wie aus einem Bilderbuch.

Auf einem Tisch mit blauer Decke standen eine Vase mit Oleanderblüten, eine mit Orangen, Äpfeln und Lorbeerzweigen gefüllte Schale neben einer Karaffe mit Rotwein und einem Glas; links und rechts des Tisches zwei blaue Stühle. Nur jemand wie Emina konnte so etwas arrangiert haben!

Die Aussicht vom Balkon überwältigte sie. Die im Flyer als malerisch beschriebene Lagune übertraf all ihre Erwartungen. Mit Kiefern, Olivenbäumen und Maquis bewachsene Berghänge, die sich in der Mitte zu öffnen schienen, um den Blick bis zur vor gelagerten Insel Mljet freizugeben, umrahmten sie. Das Wasser, in dem sich nur wenige Badende tummelten und Boote im gleißenden Sonnenlicht dümpelten, war von einem unglaublichen Türkis. Am sichelförmigen Sandstrand lagerten Sonnenanbeter neben spielenden Kindern. Sie musste an einen Vers von Goethe denken:

> *„Ihr glücklichen Augen,*
> *was je ihr gesehn,*
> *es sei, wie es wolle*
> *es war doch so schön!"*

Diese Verse konnten nur in eben so einem Moment entstanden sein!

Nele setzte sich auf einen der blauen Stühle, genoss die Wärme und wäre am liebsten zum Schwimmen gegangen. Sie war aber nicht, wie die Leute unten am Strand, als Touristin hier hergekommen, sondern als Autorin. Und als erstes wollte Emina mit der Gruppe den Verlauf der Reise besprechen. Dass Nele über Jugendliche schreiben wollte, die die Kriegs- und Nachkriegszeit erlebt hatten, stand für sie bereits fest. Sie hatte während des Balkankrieges mit ihnen gelitten, die grauenhaften Berichte und Fotos in den Medien kaum ertragen. Wie konnte es nach dem zweiten Weltkrieg – mitten in Europa – zu so einer schrecklichen Wiederholung kommen?

Schon in Hamburg hatte sie mit Emina über ihre Geschichte gesprochen. Emina hatte ihr angeboten, den von ihr gewünschten Kontakt mit einem bosnischen und einem kroatischen Jugendlichen herzustellen und zu dolmetschen. Das geschah schneller als erwartet. Gleich am Nachmittag des Ankunftstages kam ihnen in Gestalt eines Jugendlichen aus Bosnien der Zufall zu Hilfe. Der Junge hieß Ismar und arbeitete im Weinberg des Pensionsbesitzers. Emina bat ihn, sich für ein Gespräch mit Nele zur Verfügung zu stellen. Sie wusste, dass die meisten Jugendlichen die Kriegsjahre verdrängten, anstatt darüber zu sprechen. Als sie ihm aber sagte, dass Nele während des zweiten Weltkrieges die gleichen Erfahrungen gemacht hatte wie er, war er zu einem Gespräch bereit.

Nele fand ihn auf Anhieb sympathisch. Ein sehr ernst, aber nicht verschlossen wirkender Junge. Gleich nach der Begrüßung sagte er: „In Bosnien wäre ich jetzt bei der Arbeit gewesen, weil bei uns der Freitag und nicht der Sonntag heilig ist."

„Ach ja? Das wusste ich nicht", entgegnete Nele. „Gefällt dir die Arbeit im Weinberg?"

Er nickte.

„Hast du Geschwister?"

„Ja. Eine ältere Schwester, einen jüngeren Bruder und noch eine jüngere Schwester. Wir wohnen alle im Haus meines Großvaters."

„Wie gut, dass es Großeltern gibt, zu denen man flüchten kann!", sagte Nele. „Mir ist es als Kind ganz genauso ergangen. Nachdem unsere Wohnung in Hamburg von Bomben zerstört worden war, flüchtete meine Mutter mit meinem Bruder und mir ebenfalls zu den Eltern meines Vaters. Nach Neustrelitz. Das ist eine Kleinstadt in Mecklenburg, ungefähr zweihundert Kilometer von Hamburg entfernt. Mein Vater war zu der Zeit an der Front. In Russland. Er fiel einen Monat später. Meine Mutter kehrte mit uns noch vor dem Einmarsch der Russen in Mecklenburg nach Hamburg zurück. Den Weg zu den Großeltern versperrte kurz danach die innerdeutsche Grenze. Wir haben sie nie wieder gesehen."

Nele schwieg. Dann fragte sie: „Und wo befindet sich das Haus deiner Großeltern? In einer Stadt oder auf dem Dorf?"

„Auf dem Dorf. Aber wir kommen aus Zenica. Das ist eine Industriestadt in Zentral-Bosnien."

„War dein Vater während des Krieges auch Soldat?"

„Nein. Als er an die Front sollte, ist er nach Deutschland geflohen."

Ismar sah über die Bucht. Verstummte.

„Und was war dann?"

„Ich weiß nicht. Niemand weiß es. Ich weiß nur, dass er zum Spieler wurde. Zum Zocker."

Ismar verstummte wieder. Emina dolmetschte. Bevor

Nele die nächste Frage stellen konnte, fuhr er stockend fort: „Mein Vater kehrte nach dem Krieg zurück. Er war völlig verschuldet und begann zu trinken. Zum Zocken fehlte ihm jetzt zwar das Geld, aber trinken konnte er immer weiter. Irgendjemand gab ihm schon ein Gläschen *šljivo*. Sogar ganze Flaschen trieb er auf. Unsere Familie geriet in Not. Wir wussten nicht mehr ein noch aus. Ich habe meinen Vater schon so oft gebeten, mit dem Trinken aufzuhören." Leise fügte er hinzu: „Als zweitältestes Kind durfte ich das."

„Wie alt bist du, Ismar?"

„Ich werde im August siebzehn."

„Hast du schon die Schule beendet?"

Er schüttelte den Kopf. „Nach der 7. Klasse habe ich sie verlassen. Ich musste mir eine Arbeit suchen. Wir wären doch sonst alle verhungert! Meine Mutter verdient als Verkäuferin kaum etwas. Und meine Schwester findet gar keine Arbeit. Sie macht jetzt den Haushalt." Er lächelte ein wenig. „Zum Glück fand ich diese Arbeit im Weinberg. Ich verdiene dreißig Euro in der Woche. Fünfundzwanzig gebe ich meiner Familie, fünf darf ich behalten. Davon kaufe ich mir manchmal Süßigkeiten oder ein Eis." Er lächelte wieder. „Bei der Hitze heute sogar zwei."

Nachdem Emina übersetzt hatte, meinte Nele: „Dreißig Euro sind nicht viel."

„Ich bekomme außerdem Essen und Trinken – und für die Übernachtungen muss ich nichts bezahlen. Ab September werde ich aber wieder zur Schule gehen. Ich brauche einen richtigen Schulabschluss, um einen Beruf zu erlernen. Das will ich unbedingt, verdammt noch mal!"

„Aber sonst hat deine Familie den Krieg unversehrt überstanden?", fragte Nele.

„In unserem Dorf sind zweiunddreißig Bosnier von Serben getötet worden. Ich musste es aber nicht mit ansehen", erwiderte Ismar auffallend sachlich. „Und uns ist auch nichts passiert, weil mein Großvater uns versteckt hatte."

Kurz danach verabschiedete er sich und ließ zwei nachdenkliche Frauen zurück.

Nele wünschte dem Jungen so sehr, dass er sein Ziel erreichen würde. Ein Schulabschluss war so wichtig. Sie selbst hatte, als sie im Herbst 1945 in ihrer Heimatstadt Hamburg eingeschult wurde, nicht geahnt, dass die damals von ihrer Lehrerin und ihrer Mutter gefassten Entscheidungen die Weichen für ihr weiteres Leben stellen würden. Auch in ihrer Familie herrschte bittere Not. So wie der Schulranzen, den die Mutter aus Pappe und Sackleinen selbst angefertigt hatte, bei jedem Schritt auf ihrem Rücken hin- und herschaukelte, so unsicher sollte es für Nele weitergehen.

Sie war ein schweigsames Kind, beteiligte sich in der Schule nur selten am mündlichen Unterricht, sondern beobachtete lieber still. Doch die Hausaufgaben erledigte sie mit Fleiß. Schreiben, Zeichnen und Deutsch waren ihre Lieblingsfächer und sie wusste schon sehr früh, was sie werden wollte: Lehrerin. Als jedoch nach der 4. Klasse der Englischunterricht begann, war sie nicht unter den Ausgewählten. Sie erzählte es weinend ihrer Mutter, die daraufhin ein Gespräch mit der Lehrerin führte. Die Lehrerin argumentierte überzeugend, dass es bei den schwierigen finanziellen Verhältnissen in der Familie doch besser wäre, wenn Nele nach der 9. Klasse die Schule verlassen und einen Beruf erlernen würde. Statt Lehrerin wurde sie Industriekauffrau, weil ihre Mutter meinte, dass sich in dem Beruf viel Geld verdienen ließ. Aber der Wunsch nach einem höheren Schulabschluss blieb immer in ihr lebendig.

Das Gespräch mit Ismar lag schon Tage zurück, als Nele abends entlang der Bucht spazieren ging. Sie schaute vom jenseitigen Ufer nach Prapratno hinüber. Genau vis-a-vis am Berghang lag inmitten von üppig blühenden Oleanderbäumen und einer prachtvollen Bougainvillea die kleine Pension mit dem wunderbaren Balkon. Sie setzte sich auf einen Bootssteg und ließ die Beine baumeln. Welch ein herrliches Gefühl! Vor ihr fütterte ein Lachmöwenpaar seinen hungrigen Nachwuchs. Ein paar Meter von ihr entfernt packte ein Angler seine Beute zusammen. Per Handzeichen erfuhr sie von seinem Anglerglück. Drei Fische würden womöglich schon heute Abend bei ihm in der Pfanne brutzeln. Sie beobachtete die Seesterne im klaren Wasser, erwiderte den Gruß des Anglers, als er an ihr vorbeiging, und ließ den Blick wieder über die Bucht schweifen. Und plötzlich musste sie an den Bürgerkrieg denken, der noch vor kurzem hier gewütet hatte. Unbegreiflich, dass Menschen in der Lage waren, solche schönen Orte und Landschaften wie diese zu zerstören!

Gestern, während der Exkursion ins benachbarte Bosnien-Herzegowina, hatte sie in den Dörfern entlang der Straße nach Mostar von Granaten durchsiebte Häuser gesehen.

Auch die historischen Städte Mostar in Bosnien und Dubrovnik in Kroatien zeigten trotz des erstaunlichen Wiederaufbaus noch immer ihre Wunden: Mahnende Einschüsse der Granaten, die von den Bergen oberhalb beider Städte abgefeuert worden waren.

Kriege zerstören alles, dachte sie. Nicht nur Wohnhäuser und Kulturdenkmäler. Sie hinterlassen auch bei den Menschen, die sie überleben, schwer heilbare physische und psychische Wunden, durch die das Leben danach zerbrechlich bleibt. Und anzunehmen, dass kleine Kinder vom Krieg und der Nachkriegszeit nichts spüren oder alles schnell vergessen, ist ein großer Irrtum. Ihr fielen die

Berichte vom Balkankrieg wieder ein. Demnach musste der Krieg für bosnische Kinder besonders hart gewesen sein. Deshalb bat sie Emina noch um ein weiteres Gespräch mit einer bosnischen Jugendlichen. In Prapratno war das jedoch nicht möglich. „Es wird sich bestimmt noch eine Gelegenheit finden", meinte Emina. Doch die Künstlerkolonie ging zu Ende, ohne dass es zu dem Gespräch kam.

IN HAMBURG

Ende August 2007. Nele hatte schon nicht mehr damit gerechnet, ihre in Prapratno begonnene Geschichte zu Ende schreiben zu können, weil das Gespräch mit der bosnischen Jugendlichen noch immer nicht zustande gekommen war. Da erhielt sie von der Deutsch-Bosnischen Kulturvereinigung die Einladung für eine Lesung mit Bilderausstellung und bosnischer Folklore. Die Veranstaltung aus Anlass des „Antikriegstages" fand jedes Jahr statt, diesmal in der St. Markus-Kirche in Hamburg-Hoheluft. Mehrere Autorinnen und Autoren des Verbands deutscher Schriftsteller würden lesen, Emina Kamber durch den Abend führen. Was sie jedoch geradezu elektrisierte: Gleich vier junge Leute aus der zentralbosnischen Stadt Kakanj, die alle seit Jahren Eminas Malschule besuchten, würden über die Lage in ihrer Heimat berichten. Das war die Gelegenheit! Sie könnte selbst mit den Jugendlichen sprechen.

Am 1. September 2007 saß Nele gespannt in der gut besuchten St. Markus-Kirche. Schon von der Begrüßungsrede des Pfarrers war sie beeindruckt. Er sprach über die Bombardierung Hamburgs, bei der auch diese Kirche fast völlig zerstört worden war. Die dann folgenden Beiträge der Schriftstellerinnen und Schriftsteller, die die Deutsche Kriegs- und Nachkriegszeit zum Thema hatten, berührten sie ebenso wie ein von den jungen Gästen gemeinsam verfasster Text, den eine der deutschen Autorinnen in Übersetzung vortrug.

Nach der Lesung kam Emina mit einem Jugendlichen auf sie zu. „Ich möchte dir Kenan vorstellen", sagte sie.

Was er Nele dann in hervorragendem Deutsch in Aussicht stellte, verschlug ihr fast die Sprache: „Emina hat meinen Freunden und mir erzählt, dass Sie sich mit uns gern noch ausführlicher über unsere Erlebnisse während der Kriegs- und Nachkriegszeit in unserer Heimat unterhalten möchten. Wir sind damit einverstanden."

„Passt es dir morgen Vormittag?", fragte Emina.

„Ja. Natürlich. Wunderbar!", stieß Nele hervor und fiel ihr um den Hals.

Das Gespräch mit Emina, Merima, Raisa, Kenan und Admir fand im Café „Legendär" statt. Nele informierte sie zunächst über ihre Arbeit als Kinderbuchautorin. „Momentan arbeite ich an einer Geschichte für Jugendliche und Erwachsene, die zum Teil auf dem Balkan spielt. Dafür fehlte mir bislang die Aussage einer bosnischen Jugendlichen, die während des Krieges ungefähr so alt gewesen ist, wie ich es im Zweiten Weltkrieg war. Und nun sind es statt einer Jugendlichen sogar vier Jugendliche! Darüber freue ich mich sehr."

Vom Alter her passt es ja ganz genau", sagte Kenan. „Wir sind 1989 und 1990 geboren." Er zeigte in die Runde. „Admir ist achtzehn und wir drei siebzehn Jahre alt."

„Wieso sprichst du so gut Deutsch?", fragte Nele.

„Weil ich während des Krieges als Flüchtlingskind fünf Jahre in Deutschland gelebt habe. Vorher war ich noch in vielen anderen Ländern. Aber ich möchte lieber mit meiner Heimatstadt Bosanska Dubica beginnen. In unserer

Straße in Dubica stehen sieben Häuser. Ein Haus gehört uns und die anderen sechs, den sechs Brüdern meines Vaters." Er lächelte. „Ja – wir haben eine eigene Straße. Durch unsere Stadt fließt die Una, der schönste Fluss Bosniens. Und der sauberste."

Emina übersetzte ins Bosnische und Kenans Freunde grinsten.

„Das stimmt. Ihr könnt es mir glauben. Das sagen auch die Statistiker." Er trank einen Schluck und dann sprudelte es nur so aus ihm heraus: „Es war so schön in Dubica – bis 1992 der Krieg ausbrach. Eines Nachts wurden meine Schwester und ich plötzlich wach. Wir hörten Stimmen. Draußen versuchte irgendjemand mit einer Lampe durch das Fenster in unser Zimmer zu leuchten. Unser Hund bellte wie verrückt. Als Schüsse fielen, weinte meine Schwester. Sie versteckte sich unter der Decke und machte vor Angst in die Hose. Ich schrie. Es wären nur Warnschüsse gewesen, erzählten uns die Eltern, als wir größer waren. Ich war ja damals noch so klein. Aber meine Schwester, die zwei Jahre älter ist als ich, erinnert sich. Zum Beispiel daran, dass es fürchterlich krachte. Das war, als unsere Haustür eingetreten wurde und meine Mutter sofort zu uns gerannt kam. Gleich danach stürmten zehn schwer bewaffnete Serben ins Haus. Alle hatten die Waffen auf meinen Vater gerichtet und einer schrie: Geld oder Tod! Das sollte heißen: Wenn du uns Geld gibst, kannst du mit deiner Familie unbehelligt fliehen. Wenn du nicht zahlst, knallen wir euch alle ab. Mein Vater zahlte und für uns begann eine schreckliche Zeit. Zuerst floh meine Mutter mit meiner Schwester und mir nach Zagreb. Mein Vater blieb zurück. Er wollte das Haus beschützen."

Kenan wurde von der Servierin unterbrochen, die neue Getränke brachte. Dann erzählte er weiter, immer weiter:

„Mein Vater blieb also. Als es nach zwanzig Tagen für ihn zu gefährlich wurde, trennte er sich schweren Herzens nicht nur vom Haus, sondern auch von unserem Hund, der uns immer so gut bewacht hatte. Er brachte ihn zu einem Freund. Der erzählte, dass der Hund während des ganzen Krieges nicht mehr bellte. Dass er fürchterliche Angst hatte. Die Tiere hatten genau solche Angst wie die Menschen. Ich glaube, dass unser Hund sich auch nach uns sehnte – so wie wir nach ihm. Wir sahen ihn nie wieder. Er starb, bevor wir zurückkehren konnten." Kenan trank von seiner Cola und fuhr fort: „Nachdem mein Vater sich vom Haus und Hund getrennt hatte, kam er zu uns nach Zagreb. Gleich nach seiner Ankunft ging es gemeinsam weiter. In die Slowakei. Doch schon nach einem halben Jahr mussten wir wieder weiter. Nach Österreich. Zwei Monate später trennten wir uns erneut von meinem Vater. Er ging nach Deutschland, meine Mutter mit meiner Schwester und mir in die Niederlande. Ein Jahr später zogen dann auch wir nach Deutschland. Erst nach Mannheim, und endlich zu meinem Vater nach München. Insgesamt blieben wir fünf Jahre in Deutschland. In München lebten inzwischen auch einige meiner Onkel mit ihren Familien. Mein Vater gründete mit ihnen eine Hilfsorganisation. Die hat Spenden gesammelt, Lebensmittel gekauft und alles selbst in die Heimat befördert und verteilt. Die Rechnungen und die Quittungen hat mein Vater aufbewahrt. Damit kann er beweisen, dass er keinen Pfennig für sich behalten hat. Es gab nämlich Leute, die haben die Spenden in die eigene Tasche gesteckt. Mein Vater hat das nie getan. Er ist ein ehrlicher Mann. Ich bin stolz auf ihn."

„Wohnt ihr inzwischen wieder in eurem Haus?", wollte Nele wissen.

„Nein, wir wohnen jetzt dreihundert Kilometer entfernt,

in Kakanj, im Haus der Familie meiner Mutter. Aus mehreren Gründen: Unser Haus in Dubica ist noch nicht wieder bewohnbar. Außerdem wollen meine Eltern nicht, dass ich so kurz vor dem Abschluss noch die Schule wechsle. Und ich möchte mich auch nicht von Raisa trennen. Wir sind nun schon sechs Jahre befreundet. Na, und von Merima, Admir und meinen anderen Freunden natürlich auch nicht."

Emina übersetzte einiges ins Bosnische, denn die übrigen Jugendlichen hatten nichts von alldem verstanden. Unterdessen begann Kenan zu erzählen, dass inzwischen zwei seiner Onkel wieder in ihren Häusern wohnten – samt ihren Familien. „Als sie ihre Häuser wiederhaben wollten", sagte er, „wurden sie von den serbischen Hausbesetzern fürchterlich verprügelt. Alle Zähne haben sie ihnen raus geschlagen! Und in unserer Nachbarschaft wohnt eine schreckliche Frau. Eine Serbin. Ihr Mann war ein General. Der ist angeblich mit seinem Motorrad tödlich verunglückt. Jetzt hockt die Frau allein und bis zu den Zähnen bewaffnet in ihrem Haus. Sie lässt niemanden herein. Nicht mal ihren Sohn."

Da unterbrach Emina ihre Übersetzung und sagte zu Kenan: „Die Frau scheint auch Schreckliches erlebt zu haben. Sie ist offensichtlich durchgedreht, bräuchte dringend Hilfe."

„Kann schon sein." Kenans Gesicht verdunkelte sich. „Trotzdem hasse ich sie. Aber nicht nur sie. Ich hasse alle Serben. Alle!"

„Ich kann deine Wut ja verstehen", entgegnete Emina leise. „Dennoch solltest du irgendwann versuchen, den Serben zu vergeben."

„Das kann ich nicht. Wie sollte ich je vergessen, was sie uns angetan haben?!"

„Ich meine vergeben, nicht vergessen."

„Unmöglich! Erst haben sie uns die Heimat genommen und wir sind durch halb Europa geirrt. Dann räumten sie unser Haus total leer. Sie hätten sogar den Dachstuhl geklaut, wenn es möglich gewesen wäre. Es wird noch Jahre dauern, bis wir wieder darin wohnen können."

Nele empfand wie Emina und meinte behutsam: „Dennoch solltest du nicht alle Serben hassen. Damit schadest du auch dir selbst."

„Das ist mir egal!"

„Aber wenn alle so denken, kommt es womöglich wieder zum Krieg. Willst du etwa wieder Krieg?"

„Auch das ist mir egal."

Inzwischen hatte Emina wieder ins Bosnische übersetzt.

Betretenes Schweigen bei allen. Dann sagte Merima, die Englisch sprach: „Ich denke anders darüber. Vielleicht, weil ich nicht so viel durchmachen musste wie Kenan. Unser Haus wurde nicht von Granaten getroffen, auch nicht von Serben besetzt. Es grenzt fast an ein Wunder: meine ganze Familie hat den Krieg unversehrt überlebt. Zu meinem Freundeskreis gehören Moslems und Katholiken. Sogar Serben. Ich fürchte, wir werden nie in Frieden miteinander leben können, wenn wir uns weiterhin gegenseitig hassen. Kriege lösen keine Konflikte. Nie. Sie schaffen nur neues Leid." Sie sah vor sich hin. Und dann erzählte sie etwas, wovon wohl nur ihre engsten Freunde wussten. „Ein Tag war besonders schrecklich... mein Geburtstag. Wir feierten gerade ein wenig im Kreis der Familie, da heulten plötzlich die Sirenen. Voller Angst rannten wir in den Keller. Viele Menschen, die auf der Straße vom Sirenengeheul überrascht wurden, kamen mit uns. Der Raum war nicht groß. Vielleicht vier mal vier Meter. Es wurde eng. Immer enger. Die Luft stickig. Immer stickiger. Ich hatte Todesangst. Die hab ich, wenn ich mich in kleinen geschlossenen Räumen befinde, bis heute. Ich fahre seitdem nie mehr Fahrstuhl. Selbst in Hochhäusern benutze ich nur die Treppen. Das ist natürlich nichts gegen das, was Kenan und seine Familie ertragen mussten." Sie überlegte. „Ich glaube, mir ist es vor allem deshalb gelungen, den Serben zu vergeben, weil ich weiß, dass viele diesen Krieg nicht wollten."

Jetzt mischte sich Raisa ein, auf Bosnisch, und Emina übersetzte fast simultan: „Auch Admir und ich hatten Glück im Unglück. Wir mussten unsere Heimatstadt Kakanj nicht verlassen. Kenan, ich habe dir aber schon öfter erzählt, wie entsetzlich die Jahre im Keller waren, und dass ich nur selten im Pyjama im Bett gelegen habe. Zu fast jeder Tages- und Nachtzeit heulten die Sirenen. Ich hatte fast nur noch meine Straßenkleidung an, und meistens hatten wir nicht mal Zeit, eine Puppe oder ein Plüschtier in den Keller mitzunehmen. Die Erwachsenen gerieten bei der ständigen Gefahr oft in Panik. Ich war ja noch klein, als der Krieg begann, aber gegen Ende des Krieges habe ich das gemerkt. Wie war ich froh, dass ich nicht das einzige Kind im Keller war! So hatte ich weniger Angst. Dabei saßen wir ständig im Dunkeln. Es gab doch kein Licht. Auch keine Kerzen. Es war stickig. Wir kriegten kaum Luft."

„Das stimmt", pflichtete Admir ihr bei. „Ich war von Anfang an mit Raisa im selben Keller. Seitdem sind wir befreundet. Auch mit den anderen Kindern, die mit uns im Keller hockten."

Raisa nickte. „Es war die dunkelste Zeit in meinem Leben. Ich kann Dunkelheit seitdem kaum ertragen. Kerzenlicht überhaupt nicht."

„Mir geht es genauso", sagte Admir. „Manchmal mussten wir zwei, drei Tage lang im Keller bleiben. Einmal sogar ohne Essen."

Nele nickte heftig mit dem Kopf. „So erging es mir auch. Ich hatte nur noch meine Straßenkleidung an. Wenn meine Mutter mich und meinen zwei Jahre jüngeren Bruder nachts aus dem Schlaf reißen musste, heulten die Sirenen. Dann hastete sie vom dritten Stock mit meinem weinenden Bruder auf dem Arm, einen Koffer in der Hand und mich, an ihrem Rockzipfel hängend, die Treppen hinunter. Voller Angst rannten wir durch unsere Straße zum Luftschutzbunker. Links und rechts brannten die Häuser lichterloh. Dass wir den Bunker jedes Mal unverletzt erreichten, wundert mich noch heute. Weil wir öfter auf der Straße oder in einem Kaufhaus vom Sirenengeheul überrascht wurden, haben wir in verschiedenen Kellern und Bunkern gehockt. Noch Jahrzehnte später hatte ich Todesangst, wenn eine Sirene heulte." Nele trank einen Schluck Mineralwasser und fuhr fort. „In dem Zusammenhang fällt mir ein Museumsbesuch ein. Von dem ich muss ich euch unbedingt noch erzählen. Im Museum für Hamburgische Geschichte war für eine Sonderausstellung ein Luftschutzkeller rekonstruiert worden. Als ich ihn mit meinem Mann betrat, heulte eine Sirene und ich sofort mit. Fluchtartig verließ ich den Raum. Keine Minute länger hätte ich es darin ausgehalten."

Eine Pause entstand. Die jungen Leute tranken ihre Cola und sahen verstohlen zu Nele hinüber. In die Stille hinein sagte Admir: „Ich wäre genauso weggerannt! Als bei uns der Krieg endlich vorbei war, haben wir Kinder nur noch draußen gespielt. Und weil es weder Buntstifte noch Papier gab, verwandelten wir unsere asphaltierte Straße in eine Kunstmeile. Mit weißer Kreide. Die gab es ja noch."

„Doch dann kam Emina", fügte Raisa hinzu, „und mit ihr die Malschule. Und alles wurde anders."

Schon hatte Nele wieder die Bilder der eigenen Kindheit vor Augen. „Solch ein Glück hatte ich leider nicht", sagte sie und starrte vor sich hin. „Für mich gab es weder eine Emina noch eine Malschule. Ich besaß auch keine Malutensilien und unsere Straße war nicht asphaltiert, sondern sandig, und voller Schlaglöcher, in denen sich das Regenwasser sammelte. Barfuß haben wir darin geplanscht. Wenn die Pfützen wieder trocken waren, kratzten wir mit Stöckchen Bilder hinein. Oder ich bemalte mit weißer Kreide die Pressholzplatte unseres Küchentisches. Leider wischte meine Mutter die Kunstwerke weg, wenn sie das Essen vorbereiten musste. Das machte mich jedes Mal traurig."

Die vier Jugendlichen hatten aufmerksam zugehört. Ja, das konnten sie gut nachempfinden. Merima erzählte dann, wie ihr ein Onkel von Emina und der Malschule berichtet hatte. „Da bin ich sofort hingegangen. 1999 war das. Eminas Haus war noch zur Hälfte zerstört. Die Kinder saßen auf dem Bürgersteig, und ich hab mich einfach dazu gesetzt."

„Bei uns gab es Schüler, die all das besaßen, wonach ich mich sehnte: Buntstifte, Tusche und sogar Füllfederhalter. Ich habe mir mal dies und mal das ausgeliehen", erinnerte sich Nele.

„So machen wir es auch. Was der eine nicht hat, leiht ihm ein anderer. Wenn jemand Mathe oder Sprachen kann, paukt er mit dem, der es nicht kann. Dadurch haben wir alle Fünfen", entgegnete Admir stolz.

„Moment, Moment!", rief Kenan dazwischen. „Das sind in Deutschland die Einsen."

„Die Kinder, die die Malschule besuchen, sind die besten

des Landes. Und drei von ihnen studieren inzwischen Kunst an verschiedenen Akademien", fügte Emina hinzu.

„Was möchtet ihr später einmal beruflich machen?", fragte Nele.

„Ich möchte Kriminalistik studieren", antwortete Admir.

„Und ich gern Architektur", sagte Merima. Aber vorher möchte ich unbedingt Deutsch lernen."

„Und du, Raisa?"

„Ich würde sehr gern Textil-Design studieren. Oder Geografie." Raisa strahlte. „Am liebsten in Hamburg."

„Mich reizt ein technischer Beruf mehr", sagte Kenan.

„Dann werde doch Maschinenbauer!", schlug Emina vor.

„Ich hoffe sehr, dass sich eure Wünsche erfüllen und außerdem, dass es mit der Malschule so wie bisher weitergeht, damit noch viele Kinder solche Chancen bekommen wie ihr", sagte Nele.

Während sich die jungen Bosnier mit Emina unterhielten, musste Nele an Ismar denken. Heute war der 2. September. Ob er wohl wieder die Schule besuchte? Und plötzlich liefen Bilder aus ihrer Kindheit im Zeitraffer vor ihren Augen ab. Sie sah sich am Tag der Prüfung für die weiterführenden Schulen, damals „Wissenschaftliche und Technische Oberschule" genannt, mit ihren Mitschülern im Klassenraum sitzend. Sah, wie nur diejenigen geprüft wurden, die am Englischunterricht teilnahmen und die von der Lehrerin vorgeschlagen worden waren. Wie enttäuscht sie war, nicht dazu zu gehören, und wütend, weil man ihr zumutete, trotzdem dabei zu sein! Genauso am letzten Prüfungstag, als alle Kinder aufgefordert wurden, einen Clown oder ein Tier zu zeichnen. Da entschied sie sich für einen im Gras hockenden Hasen, weil ihr nicht nach Lachen zumute war. Sie begann mit dem Umriss des

Kopfes und der Ohren, wusste dann nicht mehr weiter und ihr Hase blieb ein Fragment.

Nele fühlte wieder das gleiche Unbehagen wie damals, als nach der 6. Klasse diejenigen abgingen, die die Prüfung bestanden hatten, sie jedoch mit dem überwiegenden Teil in die „Praktische Oberschule" versetzt wurde. Aber sie verspürte auch Freude, weil ihre Klasse eine andere Lehrerin bekam, sie schon nach kurzer Zeit zu den Klassenbesten gehörte und die Schule mit einem sehr guten Abschlusszeugnis beendete. Und weil sie endlich, mit vierunddreißig Jahren, Realschülerin an einer Abendschule wurde, zwei Jahre später das Examen schaffte, und sechs Mitschüler und Mitschülerinnen eine Empfehlung für das Gymnasium bekamen – und sie dabei war!

Sie erinnerte sich daran, wie sie, wenn auch schweren Herzens, diese Chance ausschlug, weil sie inzwischen verheiratet und Mutter zweier Töchter war. Nele mochte ihrem Mann nicht zumuten, noch weitere vier Jahre auf ihre Anwesenheit am Abend zu verzichten und die Kinder allein ins Bett zu bringen. Und weil sie ihren Kindern endlich wieder, wie vor dem Schulbesuch, die Gutenachtgeschichte vorlesen wollte.

Emina riss sie aus ihren Gedanken. Sie drängte zum Aufbruch, denn ihre Gäste hatten noch ein umfangreiches Besuchsprogramm vor sich. Nele schenkte jedem zum Abschied ein Buch mit Widmung. Erst zu Hause fiel ihr ein, dass sie ihren Namen gar nicht darunter gesetzt hatte. Das war ihr noch nie passiert! Sie rief Emina an. „Das ist doch nicht schlimm", entgegnete Emina. "Dein Name steht doch auf dem Cover und im Buch. Womöglich ist es aber auch ein Zeichen..."

„Wofür?"

„Dass du die vier noch mal wieder sehen sollst. Vielleicht in Bosnien?"

Anneliese Dick

Dubrovnik, der Krieg und der P.E.N.

Uwe Friesel

Zum ersten Mal sehe ich Dubrovnik leibhaftig vor mir, diese sagenhafte Stadt, die im Laufe ihrer fünfhundertjährigen friedlichen Geschichte als selbständige Republik sogar Venedig hinter sich ließ. Ich sehe sie in ganzer Pracht von jenem Punkt der hochgelegenen Küstenstraße aus, wo Emina auf dem Weg vom Flughafen jedesmal einen Zwischenstopp macht, wegen des Ausblicks. Doch sonderbar, ich habe den Eindruck von etwas Künstlichem, nicht in die mediterrane Landschaft Gehörigen. Später, beim Rundgang auf der wieder hergestellten Stadtmauer, wird mir klar, warum. Es sind die riesigen makellos roten, makellos glatten Flächen aus industriell gefertigten Dachziegeln, mehrere Fußballfelder groß, die sich geradezu aggressiv von den wenigen noch erhaltenen fehlfarbenen Terrakottadächern abheben. Sie drücken der Jahrhunderte alten Architektur eine Modernität auf, die ihr im übrigen fremd ist.

Woher die Verunstaltung?

Der Hinweis, Dubrovnik sei, wie die Stadt Ston am Eingang der Halbinsel Pelješac, im Jahre 1979 von einem schweren Erdbeben heimgesucht worden, trifft zwar zu. Doch sehr viel mehr Dächer stürzten ein, als von Oktober 1991 bis Oktober 1992 die serbisch dominierte Jugoslawische National-Armee JNA von Land, von See und aus der Luft diese Stadt bombardierte. Dabei wurde einer der Paläste im alten Stadtkern völlig zerstört, dreizehn Gebäude wurden schwer in ihrer Substanz getroffen, fünf büßten ihre Simse, Statuen und Säulenportale ein oder wurden großflächig an den Fassaden beschädigt, einhunderteinundachtzig erlitten Schäden an Dächern und Hausmauern. Das waren 55,9 % aller innerhalb der Stadtmauer befindlichen Gebäude. Allein in der Nacht auf den 6. Dezember 1991, beim sogenannten St. Niklaus-Beschuss, der vor allem vom Süd-Osten her erfolgte (die Granatwerfer standen nicht weit von der Stelle entfernt, wo Emina zur Aussicht auf die Stadt einlud), wurden etwa siebenhundert Treffer von schweren Mörsern und Raketen registriert, – auf einem Areal, das in der Nord-Süd-Achse wie auch in der Ost-West-Achse zum Meer hin jeweils kaum mehr als fünfhundert Meter misst.

Alle diese Angaben sind in Berichten von UNESCO-Beobachtern enthalten, die damals versuchten, zusammen mit der Überwachungsmission der Europäischen Gemeinschaft (ECMM) die Jugoslawische National-Armee zu einem Waffenstillstand, besser noch zu einem Rückzug zu bewegen. Bernhard Coucher war vor Ort, der französische Minister für Humanitäre Angelegenheiten, sowie Stephan Di Mistura, ein leitender UNICEF-Mann. Doch sämtliche Übereinkünfte wurden von serbischer Seite gebrochen, darunter ein noch am 5. Dezember zustande gekommenes, speziell zum Schutz der Altstadt von Dubrovnik formuliertes Abkommen.

Die Angreifer wussten sehr wohl, Dubrovnik stand seit 1979 auf der Liste des Welt-Kulturerbes. Genauso wussten sie, in der Altstadt lagerten keinerlei Waffen, außer den alten Vorderladern aus dem Mittelalter in den Museen. Auch war kein gegnerisches Militär dort stationiert, das irgendwie einen Angriff gerechtfertigt hätte. So sind denn die ca. 80 zu beklagenden Toten allesamt Zivilisten. Verletzt wurden mehr als tausend Personen. Völlig durchlöchert wurden das internationale Kriegsrecht und die Genfer Konvention.

Ich blicke von der Mauer oberhalb des wunderschönen Onofriobrunnens von 1438 auf die Stradun hinab, auf der ein Strom von Touristen wogt. Nichts, gar nichts deutet noch darauf hin, dass diese kunstvoll gepflasterte zentrale Straße, einstmals der Kanal, der die Inselstadt Ragusa von der Landsiedlung Dubrovnik trennte – später zugeschüttet, so dass beide Teilstädte vereint wurden – am 6. Dezember 1991 von dreiundvierzig Mörsergranaten in ein Trichterfeld verwandelt worden war. Nur eben diese einheitlich rote Dachbedeckung und der hellere Ton des Kalksteins an der nordwestlichen Stadtmauer, sowie ein paar überwucherte Ruinen von kleineren Wohnhäusern ebendort lassen ahnen, welche Verwüstungen hier angerichtet wurden. Erst, als ich dann in einer Seitenstraße der Stradun ein kleines Museum mit Photographien und Videofilmen vom 6. Dezember 1991 entdecke, kann ich die Zerstörung wirklich nachempfinden, und fühle mich sogleich an meine Kindheit erinnert, zu Ende des zweiten Weltkriegs, als mein Elternhaus in Braunschweig zufällig stehengeblieben war, umgeben von einer Kraterlandschaft.

Und erst jetzt erinnere ich mich auch, dass ich mit

dieser zerschossenen Stadt schon früher zu tun hatte. Nicht als Tourist, sondern als Schriftsteller. Es ist fünfzehn Jahre her. Emina Kamber und ich kannten uns längst vom Hamburger Literaturbetrieb. Doch nun trafen wir uns unerwartet in Wien wieder, auf dem 56. Weltkongress des internationalen P.E.N.-Clubs, sie als Mitglied des serbokroatischen Exil-P.E.N.'s mit Sitz in Amsterdam, ich als Mitglied des bundesdeutschen P.E.N.-Zentrums in Darmstadt. Dieser Kongress lief vom 3. bis 8. November 1991. Sechshundert Kilometer weiter südlich waren bereits die ersten Mörsergranaten in die Altstadt von Dubrovnik eingeschlagen. Die Neustadt mit ihren Hotels voller Flüchtlinge war von See her massiv beschossen worden. Deshalb wurden in Wien etliche Resolutionen zur Beendigung des Krieges auf dem Balkan verabschiedet, naturgemäß nichts anderes als moralische Appelle an die Weltöffentlichkeit, keine weiteren Kriegsverbrechen zuzulassen. Aber immerhin das.

Dann, ein Jahr später, im Dezember 1992, auf dem P.E.N.-Treffen von Rio de Janeiro, gelang es dem Präsidenten des neugegründeten kroatischen P.E.N., Slobodan Novak, die Mehrheit der Delegierten dafür zu gewinnen, zur folgenden Tagung ins zerbombte Dubrovnik einzuladen, und zwar für April 1993. Er tat dies mit einer emphatischen Rede, aus der ich jetzt zitiere:

Im derzeitigen Krieg sieht Dubrovnik sich allein gelassen (...) Es ist jetzt nicht unwichtig festzuhalten, dass Dubrovnik nach dieser schweren historischen Erfahrung sein künftiges Bestehen neu überdenken muss – angesichts einer Politik großserbischer Ansprüche, die der Zivilisation abgeschworen hat und sich nur durch Waffen artikulieren kann. Doch in Dubrovnik ist das pragmatische Bewusstsein dafür vorhanden, dass das Leben – jenseits von Wahrheit und Schönheit – mit den Nachbarn geteilt werden muss. Dieses Bewusstsein ist in jeden Stein der Stadt eingehauen. Nicht zufällig hat Dubrovnik in das Stadtbanner das Wort „libertas" (Freiheit) aufgenommen. Hier wurde die kroatische Demokratie geschmiedet, an einem Ort, wo die Kroaten durch die Jahrhunderte in ihrer Sprache regiert haben.

Aus heutiger Sicht ist an diesem Text ebensoviel richtig wie falsch. Richtig ist, Dubrovnik war alleingelassen, und richtig ist auch der Hinweis auf seine großartige Geschichte. Falsch ist jedoch, dass die kroatische Demokratie dort geschmiedet wurde. Ragusa war bis zuletzt ein vom Adel beherrschter Ständestaat. Seine republikanische Verfassung betraf also nur die Macht ausübende Schicht. Und die Sprache, die dort gesprochen wurde, verhielt sich zum modernen Kroatisch wie das Deutsch Martin Luthers zu dem, was heute im Duden steht.

Nicht anlasten kann man Slobodan Novak, dass er Ende 1992, als er Serbien vorwirft, es könne nur noch durch Waffen sprechen, noch nichts vom Beschuss der Brücke von Mostar durch seine kroatischen Landsleute wusste. Auch hier war ein kulturelles Welterbe die Zielscheibe. Auch hier schossen sie feige von den Bergen herab. Wir möchten annehmen, Novak hätte jenem kroatischen General, der sich, Zigarre im Mund, in einem Videofilm mit der Zerstörung brüstet, wohl kaum anerkennend auf die Schulter geklopft. Und auch, dass jener mit der völligen Zerstörung der historischen Brücke bis zum faschistischen 9. November wartete, hätte vermutlich nicht seinen Beifall gefunden.

Jedoch die in seiner Rede gefeierte Rückwendung Kroatiens zu einer Nationalsprache, das heißt, die Abkehr vom Serbokroatischen aus der sozialistischen Tito-Zeit und dem royalistischen Jugoslawien zwischen den beiden

Weltkriegen, trägt, wie mir scheint, ausgeprägt nationalistische Züge. Es muss hier leider daran erinnert werden, dass während des faschistischen „Unabhängigen Staates Kroatien", also von 1941 bis 1945, ein „staatliches Sprachbüro" existierte, das die kroatische Sprache etwa so zu reglementieren versuchte wie die Berliner Reichsschrifttums-Kammer die deutsche. Alle Serbismen und Fremdwörter sollten aus dem Kroatischen verbannt werden. Zum Beispiel wurde aus dem internationalen technischen Begriff „Telegraf" das neu-kroatische „Schnell-Melder", so wie im Deutschen aus der guten alten „Nase" der altertümelnde „Gesichtserker" wurde, und aus dem Auto ein „Personen-Kraftwagen". Auch heute, seit April 2005, gibt es wieder einen „Rat zur Normierung der kroatischen Standardsprache". Unter anderem soll diese Behörde sich darum kümmern, *Hinweise auf Fälle der Nichteinhaltung der verfassungsmäßigen Bestimmungen zum Kroatischen als Amtssprache in der Republik Kroatien zu geben.*

Hinter dieser geschraubten Definition verbirgt sich nichts anderes als eine Art Sprachpolizei, die jede „Überfremdung" zu unterbinden hat.

Der von Novak behauptete Zusammenhang zwischen dem angeblich seit Jahrhunderten andauernden Schmieden einer kroatischen Demokratie mittels einer kroatischen Sprache in Dubrovnik ist, so betrachtet, zumindest fragwürdig.

Auch die folgende Vision des für Dubrovnik geplanten Kongresses ist fragwürdig. Zitat: *Am 19. April 1993, um Punkt Mitternacht, werden im Hafen von Venedig 500 Schriftsteller an Bord eines Schiffes gehen, um fünf Tage lang am Weltkongress des P.E.N.-Clubs teilzunehmen.* Hier vergisst Slobodan Novak zu sagen, dass rings um Dubrovnik immer noch geschossen wurde und weder

Busse oder Züge fahren, noch Flugzeuge landen konnten. Es waren denn auch weit weniger Autoren schließlich auf dem Kongress. Ich selbst habe damals, als Vorsitzender des deutschen Schriftstellerverbands und voraussichtliches Mitglied der deutschen Delegation, dringend von einer Teilnahme unter solchen Umständen abgeraten. Denn es war ja zu vermuten, dass die kroatischen Gastgeber den Kongress für ihre politischen Zwecke instrumentalisieren würden. Tatsächlich schwebte der kroatische Präsident Tudman im Hubschrauber ein und hielt, als Historiker und P.E.N.-Mitglied, eine Rede, in der er die Ausrufung der kroatischen Unabhängigkeit im Juni 1991 verteidigte, obwohl im April 1993 jedem längst klar war, dass eben diese Unabhängigkeitserklärung die Spirale des Krieges auf dem Balkan in Gang gesetzt hatte.

Doch macht Slobodan Novak noch einen gravierenden Denkfehler, wenn er fortfährt: *Dieses Treffen erinnert an den P.E.N.-Kongress vor sechzig Jahren in Dubrovnik, an dem Ernst Toller zum Kampf gegen den Totalitarismus aufgerufen hat, an dem die nationalsozialistischen Schriftsteller von der Organisation ausgeschlossen wurden.*

Ernst Tollers Rede von 1932, das ist wahr, glich einem Aufschrei gegen die Barbarei des Nazismus, gegen die Exilierung und KZ-Haft von Intellektuellen. Doch der kritische Einwand, als Organisation der Schriftsteller der Welt habe der P.E.N. genau bei dieser Gelegenheit versagt, ist leider ebenso wahr. Zitat aus einer kurzgefassten Geschichte des P.E.N.: *Noch auf dem historischen Kongress in Ragusa 1932, der nur zwei Wochen nach der Bücherverbrennung stattfand, vertrat ein Teil der Delegierten die Ansicht, der P.E.N. dürfe in seinen Deklarationen nur prinzipiell und allgemein für die Freiheit des Wortes eintreten, keinesfalls aber die Unterdrückung beim Namen nennen. Selbst gegen die Zulassung von Redebeiträgen zu dem Thema wurde protestiert, weil man darin bereits eine Einmischung in die inneren Angelegenheiten eines fremden Staates erblickte. Als das Präsidium des Internationalen P.E.N. schließlich in einem Schreiben nach Berlin gegen die Verfolgung von Schriftstellern und Intellektuellen in Hitlerdeutschland Protest erhob, kam es sogar zu einer Spaltung des Clubs; ein Viertel seiner Mitglieder trat aus.* So steht es seit mehr als zehn Jahren im Schriftstellerlexikon des deutschen P.E.N., und dem ist bis heute noch von niemandem widersprochen worden.

Auch bei dem Kongress von 1993 kam es zu einer Spaltung: mehr als ein Drittel der Mitgliedsländer weigerte sich, seine Autoren in Venedig an Bord jenes Schiffes zu schicken, das laut Slobodan Novak *alle Freunde Dubrovniks und Kroatiens und der freien Welt aufnehmen* wird. Aus heutiger Sicht indes stellt es sich so dar, dass die wahren Freunde Dubrovniks, Kroatiens und der freien Welt gerade diejenigen waren, die nicht an dem Kongress teilnahmen.

Doch wir haben jetzt das Jahr 2007. Eine neue Generation ist herangewachsen, auch in Kroatien. Und ich erinnere mich noch an den Satz eines jungen kroatischen Kaufmanns, der mich, als ich fast die Fähre nach Pelješac verpasste, in seinem Auto (nicht: Personenkraftwagen) von der Altstadt Dubrovniks zum Hafen mitnahm. Fast feierlich sagte er: „Diese einzigartige Stadt hat gerade noch einmal überlebt. Möge sie immer ihrer Geschichte eingedenk sein, in der diplomatisches Geschick und Frieden mit den Nachbarn ihr Überleben garantierten."

Ursula Kirchberg

Rita Weimer

Studentenleben in Sarajevo

Gino Leineweber

An dem Tag, als in Sarajevo die ersten Schüsse fielen, starben nicht nur Menschen, an dem Tag starb die ganze Stadt. Aasfresser fielen erbarmungslos über den Leichnam her. Jetzt, einige Wochen später, hatten sie bereits beträchtliche Stücke herausgeschlagen. Vorher gab es oben und unten, rechts und links. Nichts davon war mehr zu erkennen. Die Frontlinie des Bürgerkriegs lief mitten durch die Vororte, Straßen und selbst durch Häuser.

Die Geräusche der Stadt sind Schritte, nahrungs-, obdachs- und schutzsuchende Schritte. Und Schüsse, dröhnende, lärmende, tötende Schüsse. Und Schreie.

Wenn du nicht grade auf der Suche nach Getränken oder Lebensmitteln bist, führen dich deine Schritte in die Gemeinschaft Gleichgesinnter. Gleichaltriger. Zuhause ist es einsamer, mit den kleinen Schwestern, und sicherer ist es auch nicht. Sicher ist es jetzt nirgends. Selbst bei deinen

Freundinnen nicht. Aber du bist trotzdem lieber hier, im Kreis deiner Gefährtinnen aus unbelasteten Studententagen. Die Gespräche betreffen dich persönlich, nicht Sarajevo oder den Bürgerkrieg, nicht die Serben oder Kroaten, Muslime und Christen, dich, weil alle um dich herum dieselbe Sprache der Gleichverlorenen, Gleichratlosen sprechen, und, eingesponnen in den Kokon identischer Hilflosigkeit, ist es der Ort, an dem du dich, ein wenig nur, geborgen fühlst. Ein Zipfel Hoffnung, der dir hier erscheint, eine Erwartung, das Sterben möge überwunden, das Trauma bewältigt werden. Was bisher dein Leben war, der Glaube an den Sinn und das Vertrauen in die Verlässlichkeit, ist geschwunden. Du weißt bereits, nichts wird mehr sein wie vordem. Aber vielleicht, vielleicht hast du das Schlimmste bereits hinter dir, und jetzt heißt es nur noch durchzuhalten? Allein, du bist in eine Zeit geboren, in der die Schatten einer fernen Vergangenheit auch dich einholen, und was du als das Schlimmste bezeichnen wirst, das dir in deinem Leben passiert, ist lange noch nicht geschehen. Aber es ist auf dem Weg.

Dein bisheriges Leben war nicht frei von Leid. Der Tod des Vaters. Er wüsste wahrscheinlich, was jetzt zu tun sei. Hätte nicht nur lamentiert, wie die Mutter, deren Kommentare du so schwer erträgst, hätte womöglich sogar vorgesorgt, zu einer Zeit, als du dich noch sicher fühlen konntest, in deinem Zuhause oder mit den Freunden aus der Universität. Ein unbeschwertes Leben in Cafés oder zu Gast bei irgendwem. Ihr konntet es euch leisten. Standen Prüfungen an, wurde mehr gelernt als sonst. Das reichte hin. Alle aus der Clique stammten aus Familien der Oberschicht. Es herrschte kein Mangel. Ihr ward frei und ungebunden. Keine festen Beziehungen innerhalb der Gruppe. Junge Männer und Frauen auf der Schwelle zum Erwachsensein. Neugierig. Wie man es kennt. Der Freundeskreis der letzten Schul- oder der Studientage ist Familienersatz, bis er durch Beruf oder räumliche Trennung auseinanderbricht oder in Einzelfreundschaften zerfällt.

Am 9. Februar 1992 findet in Bosnien und Herzegowina eine Volksabstimmung statt. Die überwiegende Mehrheit stimmt für die von der Regierung initiierte Frage über die Unabhängigkeit der Republik. Allerdings hatten sich die Bürger serbischer Nationalität vorher bei einer Befragung durch die serbisch-demokratische Partei für einen Verbleib Bosniens in Jugoslawien ausgesprochen und boykottieren mehrheitlich die Abstimmung der bosnischen Regierung. Es folgen Verhandlungen, Konferenzen und Treffen mit europäischen Politikern, und erste Schüsse und Barrikaden: Auf einer serbischen Hochzeit wird der Priester und der Fahnenträger von Moslems getötet. Daraufhin errichten Serben in Sarajevo Barrikaden.

Immer deutlicher zeichnet sich ab, dass es auf eine Föderalisierung oder Kantonalisierung von Bosnien und Herzegowina hinauslaufen soll. Das entspricht auch dem Vorschlag der Europäischen Gemeinschaft, den die bosnischen Serben indes am 13. März 1992 ablehnen. Sie fordern drei unabhängige Staaten. Dann scheint am 19. März 1992 mit der Formel ‚gemeinsamer Staat dreier Nationen‘ die Einigung gefunden zu sein. Doch nunmehr distanzieren sich Kroaten und Moslems von dem Plan.

Die politische Lage ist dir und deinen Freunden nicht verborgen geblieben. Die Kriegshandlungen in Slowenien und Kroatien, Länder, die sich für unabhängig erklärt hatten. Das Jugoslawien, in dem ihr aufgewachsen seid, das euch Heimat war, ist nach Titos Tod dem Untergang geweiht. Ihr habt das registriert und diskutiert. Trotzdem, ihr konntet euer Leben noch eine Weile weiterführen wie bisher. Dass Krieg und Tod immer näher kamen und deine Stadt im Schnittpunkt divergierender politischer Interessen stand, war in so abstrakter Form nicht nah genug. Die Stadt lebte ihr altes Leben, das Land war offen, man konnte reisen, es gab keine Beschränkungen. Du gingst, wenn schon nicht jeden Tag zur Uni, so doch ins Café, kurz, lebtest dein Leben wie gewohnt. Bis sich eines Tages der Schrecken des Krieges nach Sarajevo ausbreitete, wie Nebel, in dem alle Orientierung verlorengeht.

An dem Tag, an dem du dich mit deinen Freunden aus den Cafés aufmachst, um für den Frieden zu demonstrieren, kommst du nach Haus zurück und findest dich unvermittelt in einer belagerten Stadt. Du studierst Medizin, bist im vierten Semester und möchtest nach Ende des Studiums Chirurgin werden. Jetzt fällt plötzlich alles auseinander.

Deine serbischen Freunde raten dir, mit ihnen nach Beograd zu gehen. Aber, du bist Halbmuslima. Von deiner Mutterseite aus Jüdin und Muslima von der Vaterseite. Für dich ist es nicht mehr möglich, nach Beograd zu gehen. Auch wenn du in Beograd Freunde hast, so sind sie doch alle serbisch-orthodox. Du hast jetzt Angst.

Es ist nicht zu übersehen, dass viele Freunde von einem Tag auf den anderen einfach wegbleiben und sich in der Woche vor der Friedensdemonstration überall kriminelle Aktionen häufen. Supermärkte werden ausgeraubt, ständig splittert Glas. Auch deine Familie fängt an, Vorräte anzulegen. Eines Nachts, als du mit deiner Freundin aus der Disko kommst, trefft ihr auf den Straßen, alle zweihundert Meter, Männer mit Gesichtsmasken, die euch kontrollieren. Du bist erschrocken, fürchtest dich.

Am nächsten Tag dann die Demonstrationen in Sarajevo. Künstler und Schauspieler halten Reden, du stehst inmitten all der Menschen, die für den Frieden demonstrieren, und, mitten in die Reden hinein, beginnen versteckte Scharfschützen, von den Bergen und Hochhäusern, auf die Demonstranten zu schießen. Es kommt zum Tumult. Keiner weiß, wer auf wen schießt, wer der Angreifer oder wo der Feind ist. Noch immer kannst du nicht glauben, dass Tod und Krieg in Sarajevo Einzug gehalten haben. Du nimmst das nicht wahr. Willst es nicht sehen. Fällst in ein schwarzes Loch und versuchst, dich mit deiner Familie darüber zu verständigen. Aber, sie kann dir nicht mehr helfen. Du bist einundzwanzig Jahre alt, kein Kind mehr. Trotzdem, der Tod und das Schießen und die Waffen sind für dich unvorstellbar, obwohl du, wie alle damals in Jugoslawien, in der Schule eine paramilitärische Ausbildung absolviert hast.

Am 4./5. April 1992 beginnen in der Innenstadt von Sarajevo erste bewaffnete Auseinandersetzungen. Im Verlauf einer Friedensdemonstration bosnischer Bürger eröffnen serbische Milizen das Feuer auf die Demonstranten. Doch die Demonstrationen gehen am nächsten Tag vor dem Parlament weiter. Auch hier wird die Menschenmenge wieder von serbischen Heckenschützen attackiert. Die Europäische Gemeinschaft erkennt offiziell die Unabhängigkeit von Bosnien und Herzegowina an.

Am 8. April ruft die Regierung den Ausnahmezustand aus. Daraufhin kommt es zu schweren Angriffen auf Sarajevo durch serbische Streitkräfte, die bereits im voraus alle strategischen Stellungen über der Stadt besetzt und sich der Waffen aus den Lagern der jugoslawischen National-Armee JNA und den Depots der Gebietsverteidigung bemächtigt haben.

Bald wird jeden Tag geschossen, mit Gewehren, Granatwerfern, kleinen Raketen. Niemand kann lokalisieren, woher die Schüsse oder Raketen kommen oder was ihr Zweck ist. Am Ende liegt die Stadt unter Dauerfeuer. Niemand darf in Fensternähe stehen, besonders nicht in den oberen Stockwerken. Das lange und enge Tal von Sarajevo, umschlossen von einem Gebirge, das über zweitausend Meter aufragt, wird zu einer Falle; weiter hier zu leben, bedeutet, den serbischen Freischärlern, den Tschetniks, Tag und Nacht ausgeliefert zu sein. Überall zieht starker Rauch über die Dächer. Den Bewohnern bleibt, sich in die Ecken zu rollen, voller Angst, dass ein gezielter Schuss sie trifft oder eine Granate in ihre Behausung einschlägt.

Ganz Sarajevo ist jetzt Frontlinie. Du gehst, nein, du hetzt wie Freiwild durch eine belagerte Stadt, aber sie ist nicht nur von außerhalb besetzt, nicht nur in den Bergen sitzt der Feind. Die Frontlinie hat Sarajevo in mehrere Teile geteilt. Du lebst im Neuen Stadtcenter, bist aber geboren in der Alten Stadt, die von den Habsburgern erbaut worden war. Die bisherige Teilung in Alte und Neue Stadt ist in verschiedene Abschnitte zerfallen. Ein Stadtteil gehört den Serben, ein anderer den Kroaten, ein dritter Teil den Bosniern oder Bosniaken. Wo genau die Grenzen verlaufen, weiß niemand. In den Bergen um Sarajevo liegen die Kasernen der serbischen Armee. Das heißt, von außerhalb wird bombardiert und innerhalb der Stadt gekämpft. Es ist ein Straßenkampf ums Überleben.

Am dringlichsten ist, Verpflegung herbeizuschaffen. Vorräte sind nötig. Jetzt muss mit dem Schlimmsten gerechnet werden. Du ersetzt deine normale Kleidung durch einen Jogginganzug und bequeme Turnschuhe, gehst zum Supermarkt und kaufst möglichst viel Zucker, Öl, Nudeln, Reis,

Haferflocken. Es muss immer schnell gehen, und es ist deine Aufgabe. Die Schwestern sind noch zu klein und die Mutter muss arbeiten. Sie ist Anwältin und arbeitet in der Nähe vom Fernsehstudio. Jetzt ein beliebtes Ziel für Bombardements, denn von dort gehen die Nachrichten ins Land. Stets lebst du mit der Ungewissheit, kommt die Mutter wieder zurück, kommt sie nicht. Von Tag zu Tag wird es schlimmer.

Du kannst dich praktisch nicht bewegen. Nur, wenn du auf Nahrungssuche bist, wagst du dich aus dem Haus. Mit deinem Jogginganzug und den Turnschuhen, kommst du schneller durch die Straßen. Im Vorbeilaufen erkundest du, ob ein Geschäft offen ist und du irgendetwas mitgehen lassen kannst. Oder du versuchst, wie eine Ratte, verheissungsvolle Plätze zu finden, um zu sammeln, was du vielleicht irgendwann brauchen könntest.

Dann hast du den Anruf bekommen. Das Telefon funktioniert noch. Deine Freundin. Es gäbe ein Treffen. Ja, trotz der Umstände willst du kommen, auch wenn es nicht mehr so einfach ist wie sonst. Die Straßenbahn fährt nicht mehr, das Depot wurde zerbombt. Aber wahrscheinlich hättest du dich auch nicht hineingesetzt. Deine Zusammenkunft mit den Freunden ist nicht länger unbeschwert. Du weißt nicht, ob dich jemand umbringt auf dem Weg, weil er glaubt, du seiest Serbe oder Muslim oder was auch immer, oder ein Nachbar, der dich kennt, oder du wirst deshalb umgebracht, weil sie glauben, dass du etwas von Wert bei dir hast. Wer weiß es? Trotzdem machst du dich auf den Weg.

Es ist ein sonniger Frühlingstag, der Sommer liegt schon in der Luft. Aber ob die Vögel zwitschern, kannst du nicht sagen. Vielleicht sind sie geflüchtet oder du hörst sie nur nicht mehr in diesem Schrecken, diesem Sarajevo. Ihr seid zu dritt oder viert bei eurem Treffen. Das wechselt. Mal geht jemand, mal kommt eine dazu. Andere kommen gar nicht, weil sie schon lange geflüchtet sind. Solltest du nicht auch fliehen, die Hölle von Sarajevo hinter dir lassen? Aber wohin? Und dann sind da noch deine Mutter und die Geschwister.

Ihr sprecht bei eurem Treffen über mögliches Kämpfen. Ihr seid ausgebildet, für den Schutz der Bevölkerung, wie das damals hieß, könnt mit Waffen umgehen. In der Schule gab es ein Fach, das Verteidigung und Schutz hieß. Anfangs wurde mit Luftgewehren geschossen, später mit schwereren Waffen, um den Rückstoß zu lernen. Auch Kenntnisse über Bomben wurden vermittelt: welche Arten es gibt, große, kleine, wie der Inhalt ist, wie man eine Bombe aufmacht oder zur Explosion bringt. Sogar mit Gasmasken gegen chemische und biologische Gifte wurde geübt. Der Gebrauch des Kompasses. Kämpfe im Wald. Seit du zwölf warst, bist du jede Woche einmal in ein Lager gegangen, um das alles zu lernen.

Plötzlich hattet ihr eine bosnische Armee. Du erzählst: Ein Freund rief kürzlich an, und berichtete davon. Ein paar Jungs, deine Generation, Kinder. Sie stellten eine Art Heimwehr auf, fingen an, sich gegen die Serben zu wehren, wollten den Beschuss auf Sarajevo verhindern. Aber sie waren schlecht gerüstet. Der Freund fragte, ob du mitmachen willst. Du hast lange überlegt, schließlich deine Sachen gepackt und bist nach Grbavica gegangen, wo die Front war. Doch es gab nichts zu tun, nur ein bisschen strategische Vorbereitung, so dass du am nächsten Tag wieder zurückgegangen bist.

Plötzlich kommt die Rede aufs Gegenteil, aufs Helfen. Eine Freundin arbeitet bereits in einem Krankenhaus.

Deine Sehnsucht nach einem normalen Leben, das ist dir

inzwischen klar, wird so schnell nicht mehr erfüllt werden, sowenig wie dein Wunsch einen Rahmen zu haben, innerhalb dessen du dich sicher fühlen könntest. Es wäre das Beste, deine Verluste durch Tätigkeiten zu kompensieren, die dich ablenken und deinem Dasein einen neuen Sinn geben. Im Krankenhaus wird jede Hand gebraucht. Vielleicht solltest du den Menschen helfen, die in noch größerer Not sind als du. Warum nicht? Schließlich verstehst du etwas von Medizin.

Der Stadtteil Koševo, in dem sich das Krankenhaus befindet, liegt am Fuß des Berges Trebević und wird zu einem beliebten Ziel für die Bombardements der Tschetniks. Die Krankenhäuser in Sarajevo, mit Ausnahme des Militärkrankenhauses in der Innenstadt, sind seit je sehr spartanisch eingerichtet. Es gibt nur große Mehrbettzimmer. Doch die ärztliche Versorgung und die Ausstattung entsprechen dem Standard. Im Jahre 1995, also drei Jahre später, berichtet das Deutsche Ärzteblatt über eine Hilfsaktion deutscher Ärzte: „Unser Ärzte-Team... reiste von Frankfurt aus über Zagreb nach Split. Dort rüstete die Bundeswehr uns mit schusssicheren Westen und Stahlhelmen aus, bevor es in gepanzerten Fahrzeugen über Mostar nach Sarajevo weiterging. Am 5. September wurden wir im Koševo-Klinikum empfangen. Das Klinikgelände war fast völlig zerstört. Alle Gebäude waren beschädigt, viele Fensterscheiben fehlten und waren, wie überall in der Stadt, mit undurchsichtiger UNHCR-Folie verhängt. Das gesamte Inventar war reparaturbedürftig. Wir wurden vorwiegend in den Kliniken für Unfallchirurgie und Orthopädie, Plastische Chirurgie und Neurochirurgie eingesetzt. Überall fehlten Ärzte und Pflegepersonal. Am stärksten betroffen war die Abteilung für

Anästhesiologie, in der vor Kriegsbeginn mehr als 60, mittlerweile aber nur noch 12 Ärzte arbeiteten. Dem Klinikpersonal war etwa drei Jahre lang kein Gehalt gezahlt worden; erst seit Juni 1995 gab es 50 DM monatlich. In der Unfallchirurgie und der Orthopädie fehlte es an nahezu allem. Es gab weder genügend Verbandmaterial noch Desinfektionslösungen, Antibiotika, OP-Kleidung, Lagerungshilfen oder Orthesen. Anästhesie-Überwachungsgeräte waren entweder nicht ausreichend oder nur in ungenügendem Zustand vorhanden."

In Koševo kennst du dich aus: Schule, Gymnasium, Universität, alles befindet sich dort. In dem Krankenhaus hast du deine Praktika gemacht. Auf dem Weg dorthin bist du hellwach, fängst an zu laufen, verhältst in einem Hauseingang, hetzt weiter, betest zu Gott, dass dich die da oben nicht erwischen, und dann bist du da, meldest dich bei der Sammelstelle, ziehst dich um und begibst dich geradenwegs ins Chaos.

Deine bisherigen Freunde sind Kinder von Leuten, die höhere Positionen innehatten, und der Vater einer deiner besten Freundinnen war an diesem Krankenhaus Chefarzt in der Unfallchirurgie. Auch die Mutter deiner Freundin war eine erfolgreiche Ärztin, und so war es klar, dass auch deine Freundin Ärztin werden wollte. Der Vater war Professor, beeindruckend, ein großer Mann. Du hattest einmal ein Praktikum bei ihm gemacht und allen Respekt vor ihm. Was aber erfährst du nun? Dieser große Mann hat alle Geräte des Krankenhauses nach Pale, einen serbischen Stadtteil, expediert. Alles. Nichts ist mehr da. Nicht einmal Medikamente.

Die Krankenzimmer sind überfüllt, Menschen liegen im Flur, weinen vor Verzweiflung, stöhnen vor Schmerz.

Männer, Frauen, Kinder. An normalen Krankhausbetrieb ist nicht zu denken. Trotzdem versuchst du zu helfen, so gut es geht. Aber es fehlt an allem, besonders an Betäubungsmitteln. Was bleibt, ist *šljivo*. Du trinkst selbst ein bisschen, der Patient soviel er nur kann, und dann sägst du ihm den Arm ab, bindest mit einer Schleife und einem Stock das Blut ab, bandagierst. Du hast Verantwortung für ungefähr zwanzig Personen, die bluten, die verwundet, krank sind, und um die du dich kümmerst, so gut es geht. Es ist fast nicht auszuhalten. Du siehst Menschen, die Schmerzen haben, und kannst nicht helfen, trotz deiner Kenntnisse. Aber du bist ohne Medikamente, ohne Hilfsmittel. Die Patienten weinen, haben Fieber, du kannst sie nicht einmal waschen, weil ihr nicht genügend Wasser habt, meistens bleibt nichts, als einfach nur die Blutung zu stillen. Du fühlst dich schuldig, weil du nicht helfen kannst. Was dir bleibt, ist soviel Liebe, Zuneigung und Verständnis zu geben, wie dir möglich ist, gerade dann, wenn du nichts anderes mehr tun kannst, als den Todgeweihten in ihren letzten Minuten beizustehen.

Man kann, was du fortan tust, nicht Arbeit nennen. Es gibt keine festen Arbeitszeiten, bezahlt wird auch nicht. Es ist Dienst am Menschen, während du selbst ständig zwischen Leben und Tod lebst. Schlafen ist kaum möglich. Doch wenn man ein zwei Nächte nicht richtig schläft, gewöhnt man sich auch daran. Du bist verantwortlich. Du kannst nicht schlafen. Es ist grausam. Zu essen gibt es trockenes Brot, Reis, Kartoffeln, Makkaroni, alles durcheinander gekocht.

Nicht nur die Schüsse außen sind zu hören, teilweise schlagen auch Granaten in der Umgebung des Krankenhauses ein. Dann heißt es für das Krankenhauspersonal: Raus, nach Überlebenden suchen und sie dann mehr schlecht als recht ins Krankenhaus transportieren. Noch mehr Verletzte, die schreien und wimmern. Immer wieder fallen Schüsse, detonieren Granaten. Das Gebäude liegt mitten im Kriegsgebiet, und dass es ein Hospital ist, kümmert offenbar keinen. Es wird auch direkt auf das Krankenhaus geschossen.

Das gehörte zum Schlimmsten und Härtesten, was du erleben musstest. Die Serben sind immer weiter vorgerückt, immer weiter auf das Krankenhaus zu. Und: Sie haben Gefangene als Life Wall benutzt, hinter denen sie vorrückten. Sie wussten, die Bosnier würden nicht auf ihre Bevölkerung schießen. Sie benutzten Kinder und ältere Frauen.

Zum Schutz hast du immer eine Pistole bei dir. Du hast dir überlegt, sollte dir jemand zu nahe kommen, oder solltest du selbst verletzt werden, dann kannst du dir das Leben nehmen. Du fühlst dich zum Leiden nicht geboren. Was sollte man sonst mit der Pistole anfangen? Obwohl, du weißt, wenn da jemand plötzlich mit einer Waffe im Anschlag vor dir steht, dann schießt du. Aber, ein Schuss, und schon hast du alle Aufmerksamkeit auf dich gelenkt.

Dann kommt der Tag, über den du nie hinwegkommen wirst. Du wirst dein Leben lang an ihn denken. Da liegen sechs Leute auf der Erde, ein paar Meter vom Krankenhaus entfernt. Man muss sich das so vorstellen: eben noch rennen sie vor dir hin und her, und plötzlich siehst du: oh, jemand fällt, und, oh, da fällt noch einer, und du siehst sie da liegen, eine ganze Anzahl. Du checkst das ganz schnell, und dann bewegst du dich auf die Liegenden zu. Willst helfen, dich um sie kümmern. Auch eine Mutter ist darunter, mit einem Kind. Du blickst auf und dann siehst du sie. Die näherrückende Gruppe serbischer Soldaten, die eine Frau und Kinder vor sich hertreiben, sie als Schutzschild benutzen. Es kommt der Moment, an dem du dir sagst: Ich möchte nicht mehr leben, es reicht jetzt, mit meinen Anfang Zwanzig, ich hatte ein schönes Leben, aber jetzt ist Schluss. Dir fällt ein: Die Pistole..., du hast ja die Pistole. Was machst du jetzt? Dich selbst töten? Auf die Serben schießen? Erst die Verletzten umbringen, dann dich? Oder schießt du doch auf die anderen? Die Zahl soll entscheiden! Die vor dir auf dem Boden sind mehr. Du schaust dich um. Nach Hilfe. Aber, du bist allein...

Anke Schwebe

Editorische Nachbemerkung

Emina Čabaravdić-Kamber

> *In der Sprache lebt die Identität,
> in der Identität lebt die Sprache!*

Liebe Leserinnen, lieber Leser,
beim Nachdenken über die Schreibweise von einigen slawischen Wörtern, die in diesem Buch vorkommen, bin ich auf die Gefahr von Missverständnissen gestoßen. Die Handlung und Atmosphäre in den unterschiedlichen Geschichten trägt den Stempel vieler bosnischer und kroatischer Wörter, die sich deutscher Ortographie nicht echt anhören.

Der Eigencharakter einer Sprache liegt nicht nur in ihrer Phonetik. So zeichnen zum Beispiel auch unterschiedliche Zischlaute eine Sprache aus und geben ihr eine eigene Identität.

Uwe Friesel und ich als Herausgeber dieses Buches folgen deshalb dem Wunsch unseres Verlegers, die Namen von Städten, Flüssen, auch von Personen in bosnischer bzw. kroatischer Schreibweise beizubehalten, auch dann, wenn in deutschen Lexika und Wörterbüchern einige dieser Namen in deutsche Lautung umgeschrieben wurden (z.B. Sarajevo/Sarajewo, Pelješac/Peljeschatz).

Was die Zischlaute der bosnischen und kroatischen Sprache betrifft, werden die Buchstaben Š wie SCH, Č wie TSCH, Đ wie DSCH und C wie TZ ausgesprochen. Damit die beiden Sprachen ihre poetischen Eigenheiten behalten, bedarf es einer wechselseitigen Konfrontation, denn das Buch erscheint auch auf Bosnisch, und dort wird dann ebenfalls die deutsche Schreibweise für deutsche Namen übernommen.

Durch diesen Sprachdialog in der Literatur rückt die Welt enger zusammen, die Sprachbarrieren werden immer geringer. Der russische Dichter Josef Brodsky schrieb in einem seiner Essays: *Sprachen sind wandlungsfähiger als Menschen.* Und damit möge er Recht behalten.

Autorinnen und Autoren

Anna Bardi, geboren in Georgsmarienhütte, studierte nach einer klassischen Ballettausbildung und einem Tischlerpraktikum zunächst Innenarchitektur und arbeitete als Innenarchitektin für Zeitschriften, Werbung und Industrie-Design. Parallel dazu Studium an der Hochschule für bildende Künste in Hamburg.
Stipendien in Frankreich und Spanien sowie in Berlin.
Ausstellungen: Monte Carlo, Wetzlar, Hamburg, Berlin.
Seit 1990 ist sie auch schriftstellerisch tätig (Kurzprosa, Lyrik). Ihr bildnerisches Werk – Malerei, Objekt, Installation, Video – ist teilweise vernetzt mit der Literatur.
Ein langjähriges literarisch-künstlerisches Projekt im öffentlichen Raum und auf Friedhöfen, 2007 in St. Petersburg erstmals im Zusammenhang gezeigt, heißt „Herzkammer / Zeit und Vergänglichkeit".
Erste Buchveröffentlichung 1996 unter dem Titel „Ein ungarischer Journalist in Deutschland". Danach weitere Prosa-Veröffentlichungen.

Emina Čabaravdić-Kamber, 1947 in Kakanj, Zentralbosnien geboren. Freie Schriftstellerin, Dozentin für Kunst und Literatur.
Als einziges von elf Kindern verließ sie ihre Heimat und ging 1968 nach Hamburg. Dort arbeitet sie seit 1984 als freie Schriftstellerin, Übersetzerin und Journalistin. Veröffentlichungen von Lyrik und Kurzprosa in mehreren Sprachen, teils mit eigenen Illustrationen und einer CD mit bosnischen Liebesliedern. Im Jahr 1989 Internationaler Literaturpreis der Stadt Neapel. Ausländerbeauftragte des Verbandes deutscher Schriftsteller, 2. Vorsitzende des VS Hamburg, Mitglied im deutschen P.E.N.
1996 wurde Emina Kamber für ihre literarische Arbeit zum Thema Frieden und zur Beendigung des Krieges in ihrer Heimat Bosnien die Verdienstmedaille des Verdienstordnes der Bundesrepublik Deutschland durch Bundespräsident Roman Herzog verliehen.

Reimer Eilers, geboren 1953, verlebte seine Kindheit in den fünfziger Jahren auf Helgoland, mit einem Großvater als Leuchtturmwärter und einem Onkel als Haifischer. Studium und Arbeit als Autor und Publizist in Hamburg. Literarische Aktionen und Performances im Rahmen der Autorengruppe PENG. Reiseerzählungen mit den Schwerpunkten Segeltörns, Sansibar und Patagonien. Reisereportagen und Essays u.a. für die Zeitschriften „Stern" und „Mare". Schreibt Romane, Erzählungen, Kriminalliteratur. Seit vielen Jahren ist er Landesvorsitzender des Verbands deutscher Schriftsteller (VS) in Hamburg. Reimer Eilers wurde auf der Buchmesse in Frankfurt 1984 für das beste Debüt ausgezeichnet. Danach erhielt er u. a. 1992 den Förderpreis der Hansestadt Hamburg, sowie 2005 das Reisestipendium des Auswärtigen Amtes nach Chile und Argentinien.

Die deutsch-bosnische Kollegin Emina Kamber sagt über ihn: *Reimer Eilers war unter den ersten deutschen Autoren, die nach dem Bürgerkrieg in den neunziger Jahren eine literarische Reise durch das ehemalige Jugoslawien unternommen haben. Zusammen mit Emina Kamber, Manfred Kubowsky, Šimo Ešić und Jörg-Rüdiger Krueger fuhr er durch das zerschossene Bosnien und begann über seine Eindrücke zu schreiben. Seine Texte wurden ins Bosnische übersetzt, und er nahm Lesungen in Sarajevo, Kakanj, Zenica und in weiteren Orten im früheren Jugoslawien wahr.*

Šimo Ešić, geboren 1954 in Breze bei Tuzla (Bosnien und Herzegowina). Nach einem Sprach- und Literaturstudium arbeitete er als Journalist bei Radio Tuzla und Radio Sarajevo sowie als verantwortlicher Redakteur im Verlagshaus Universal. Seit 1990 ist er freier Autor und schreibt vor allem Kinderbücher, Erzählungen und Theaterstücke. Sein erstes Kinderbuch hieß Prost am Ende der Kindheit. Danach folgten mehr als 20 weitere Titel. Einige davon sind in mehreren Sprachen erschienen: auf Deutsch, Schwedisch, Mazedonisch, Slowenisch und Albanisch. Ebenfalls 1990 Jahr gründete er in Tuzla und Wuppertal seinen Verlag Bosanska Riječ, Das Bosnische Wort.

Simo Esic ist sowohl in den Gesammelten Werken der Bosnischen Kinderliteratu, als auch in den Gesammelten Werken der Kinder- und Jugendliteratur Kroatiens vertreten. Sein Titel *Das bestickte Täschchen* wurde in Bosnien und Herzegowina zur Schullektüre.

Unter seinen zahlreichen Literaturpreisen sind auch solche für Hörspiel. 1980 wurde sein Buch *Das Häuschen des Bergarbeiters* zum besten Buch des Jahres gewählt. Andere Preise waren *Die Oktober Plakette der Stadt Tuzla* sowie *Der Kranz des alten Olivenbaumes* für die Förderung der Kinderliteratur.

Uwe Friesel, geboren 1939, studierte in Hamburg, war zunächst Dramaturg (NDR, Freie Volksbühne Berlin) und Lektor (Claassen, AutorenEdition) und lebte dann als freier Autor und Übersetzer zeitweilig in Olevano bei Rom, zuletzt in Stockholm. Schreibt Romane, Kriminalromane, Erzählungen, Hörspiele, Kinderbücher, Lyrik. Auch als Übersetzer hat er sich einen Namen gemacht: u. a. wurden Vladimir Nabokovs Romane *Ada* und *Fahles Feuer,* zahlreiche Kurzgeschichten von John Updike sowie das Drama *Volpone* des elisabethanischen Autors Ben Jonson von ihm ins Deutsche übertragen. Daneben hat er eine Anzahl von Anthologien herausgegeben, wie *Noch ist Deutschland nicht verloren,* zusammen mit Walter Grab, und *Ich hätte Dich gern lachen sehen,* gemeinsam mit Emina Kamber.
Von 1989 bis 1994 war er Bundesvorsitzender des deutschen Schriftstellerverbandes (VS). Zahlreiche Preise, darunter *Rompreis Villa Massimo* und *Nikolas-Born-Preis* des Landes Niedersachsen. Mitglied des P.E.N.
Mehrere Jahre leitete er unter dem Thema „Das Fremde in uns" im Rahmen der Künstler- Kolonie von Emina Kamber eine Autorenwerkstatt, aus dieses Buch hervorgegangen ist.

Gino Leineweber, Jahrgang 1944, betrieb zunächst eine eigene Steuerberatungskanzlei, die er 1998 aufgab. Seither lebt und arbeitet er als freier Schriftsteller in seiner Heimatstadt Hamburg: Er ist Vorsitzender der Hamburger Autorenvereinigung. Außerdem betätigt er sich auch politisch, so als Mitglied der Deputation der Kulturbehörde Hamburg und der Stiftung zur Erhaltung von Kulturdenkmälern in Hamburg. Seit 2003 ist er Radakteur der Buddhistischen Monatsblätter (B.M.) Bisher hat er einen Roman und mehrere Kurzgeschichten veröffentlicht.

2007 hat Gino Leineweber, angeregt durch das Thema „Das Fremde in uns", an Emina Kambers Künstler-Kolonie in Kroatien und Bosnien teilgenommen. Seine drei hier abgedruckten Geschichten basieren auf Interviews mit beteiligten Personen und recherchiertem Material.

Ellen Sell, geboren in Hamburg, wuchs ohne ihren Vater, der in Russland gefallen war, im zerbombten Hamburg der Kriegs- und Nachkriegszeit auf. Da ihr die Mutter kein Studium ermöglichen konnte, wurde sie Industriekauffrau. Bis zu ihrer Heirat war sie leitend im In- und Exportgeschäft tätig. Erst nachdem ihre eigenen Kinder das Elternhaus verlassen hatten, begann sie Kinderbücher und Kurzprosa für Erwachsene zu veröffentlichen.
Sie ist Vorstandsmitglied der Hamburger Autorenvereinigung.
Veröffentlichungen u.a.: *Fleurie, die Labradorhündin, Fleurie und Jorass, Yvonne Stachelbeere, Kater Pfennig rabenschwarz,* sowie Kurzprosa in Anthologien u.a. bei Langen-Müller und S. Fischer.
Im Sommer 2007 fuhr sie mit Emina Kamber im Rahmen einer Künstlerkolonie nach Kroatien und Bosnien. Die Begegnungen mit bosnischen Jugendlichen führten zu dem Vergleich mit ihrer Kriegs- und Nachkriegszeit.

Janka Weber, geboren 1953, aufgewachsen in Kassel, Oberbayern und im Schwarzwald, lebt seit 25 Jahren im Wendland. 1979 führte eine längere Reise sie durch das ehemalige Jugoslawien – Serbien, Bosnien, Kroatien, Monte Negro, und Kosovo – und zwar fast im Schritttempo, in einem umgebauten Bauwagen, gezogen von einem *Unimog* (32 kmh).
Die zweite Reise nach Kroatien und Bosnien, auf der sie die vorliegende Erzählung geschrieben hat, unternahm Janka in Rahmen der Künstlerkolonie „Das Fremde in uns" mit Emina Kamber im Jahr 2007.
Sie arbeitete vierzehn Jahre als Buchhändlerin im Wendland und ist, motiviert durch das gefährliche Atommüll-Zwischenlager in Gorleben, seit vielen Jahren in der Anti-Atomkraft-Bewegung aktiv.

Die Illustratorinnen

In zwei Workshops auf der Halbinsel Pelješac, Kroatien sowie auf verschiedenen Exkursionen in Mostar, Počitelj und Buna, Bosnien arbeiteten Schriftsteller und Illustratoren unabhängig voneinander am Thema: „Das Fremde in uns." Aus individuellen und gemeinsamen Erlebnissen sind die in dieser Anthologie vorgestellten Arbeiten entstanden.

Die Illustrationen stammen von:

Jutta Beil 146

Emina Čabaravdić-Kamber 9

Anneliese Dick 110, 145, 182

Monika Heuer 125

Christel Hille 126

Ursula Kirchberg 80, 191

Angela Reimann 119, 162

Dörte Rohlf 10

Anke Schwebe 6, 206

Astrid Tadt 68, 94

Rita Weimer 120, 192